쉽게 읽는
판소리

쉽게 읽는 판소리

첫판 1쇄 발행 2025년 10월 28일
글 조순자
감수 김혜정
그림 이한슬
디자인 채홍디자인
발행인 권혁정 | 펴낸곳 나무처럼
주소 고양시 일산동구 강촌로26번길 49, 3층
전화 031) 903-7220 | 팩스 031) 903-7230
E-mail nspub@naver.com
ISBN 978-89-92877-70-1 (03670)

이 도서는 2025 경기도 우수출판물 제작지원 사업 선정작입니다.

이 책에 실린 사진은 본인과 국가유산청무형유산기록관에서 제공해준 것이고,
창작 판소리 가사도 저자가 허락을 받아서 실었으나, 허락을 받지 못한 자료에 대해서는
저작권자가 확인되는 대로 통상의 기준에 따라 지불하도록 하겠습니다.

쉽게 읽는
판소리

전통판소리 눈대목 16과 창작판소리 즐기기

글 조순자 | 감수 김혜정 | 그림 이한슬

나무처럼
Namubooks

추천의 글

　판소리는 우리 민족의 삶과 정서가 녹아 있는 소중한 문화유산이지만, 지금은 사용하지 않는 낯선 한문구 탓에 일반인이 쉽게 다가가기 어려운 장르가 되었다. 이 책은 바로 그 벽을 허물고, 누구나 판소리를 친근하게 만날 수 있는 길을 열어준다. 책 제목 그대로 '쉽게 읽는 판소리', 나아가 '쉽게 듣는 판소리'를 지향하고 있다.

　판소리를 비롯한 한국 전통음악을 다룬 책은 여럿 있지만, 대부분은 학자들의 전문 학술서이다. 근대 이후 학문 분야 세분화로 인해 판소리와 같은 종합예술이 문학, 음악, 연극 등 각 학문 분야의 관점으로 따로 연구되고 있다. 그 결과 판소리를 다룬 책이라도 고전문학전공자의 문학중심논의, 음악학자의 음악중심논의, 연극학자의 연극중심논의로 나뉘어 판소리 전체를 아우르지는 못한다.

　무엇보다 학술적 논의가 아닌, 일반 독자에게 판소리를 쉽게 소개하는 책은 거의 없었다. 조순자의 『쉽게 읽는 판소리』는 바로 그 점에서 꼭 필요했고 시급한 책이다.

　판소리를 설명하려면 보통 판소리의 발생과 역사, 종류, 변화, 음악적·문학적 요소 등을 먼저 다룬다. 그러나 일반 독자는 이런 개론보다 '판소리 자체'에 관심이 있다. 그들은 학자의 언어가 아닌 실제 소리와 줄거리가 궁금하고, 수많은 판소리 가운데 어떤 작품을 들어야 할지 안내받고 싶어 한다.

　실제로 판소리에 관심 있는 분들로부터 "어떤 소리를 들어야 하나요?"라는 질문을 자주 받는다. "춘향가를 먼저 들어 보세요"라고 하면 곧이어 "그럼, 누구의 소리를 들어야 하나요?"라는 질문이 이어진다. 시중에는 춘향가 완판 음반이 여럿 있지만, 어떤 음반을 들어야 할지 막막한 것은 사실이다. 어떤 음반은 20세기 초반 유성기 음반을 복각한 것이라 음질이 지글거려 잘 들리지 않는다. 이런 자료는 학술적 호기심이 있는 이들에게는 소중하지만, 일반 독자에게는 오히려 판소리를 멀리하게 하는 요인이 되기도 한다. 또 〈춘향가〉를 듣겠다고 구매한 음반이 무려 6~8장에 달하는 전집이라서, 이것을 처음부터 끝까지 들으려면 마치 영어를 모르는 사람이 영어사전을 처음부터 읽는 것 같은 막막함을 느끼게 한다.

이 책은 바로 이런 초심자들의 목마름을 시원하게 해갈해 줄 유익하고 재미난 책이다. 줄거리를 알기 쉽게 풀어내 독자가 마치 소리판에 함께 앉아 있는 듯 몰입하게 하고, 꼭 들어 보아야 할 눈대목과 추천 음원을 친절하게 안내하여 읽는 즐거움이 곧 듣는 즐거움으로 이어지게 한다.

무엇보다 저자인 조순자 박사는 젊은 학자로서 늘 참신한 시각으로 문제를 바라보고 학문적 성과를 대중의 언어로 풀어내는 특별한 능력이 있다. 덕분에 딱딱한 연구서가 아닌, 누구나 쉽게 접근할 수 있는 책이 탄생했다. 이 책은 초심자에게는 판소리 입문서로, 애호가에게는 감상의 길잡이로 손색이 없다. 전통 예술을 사랑하는 한 사람으로서, 이 책이 많은 독자에게 판소리 세계로 들어가는 든든한 길동무가 되기를 기대한다.

김혜정 (판소리학회 회장 / 경인교육대학교 교수)

차례

PANSORI

Part 1

'소리판'에 명창이 떴다!
전통 판소리

아하! 판소리!

"이리 오너라 업고 놀자.

이리 오너라 업고 놀자.

사랑 사랑 사랑 내 사랑이야."

〈춘향가〉 중 '사랑가 대목'

" 범 내려온다. 범 내려온다."

〈수궁가〉 중 '호랑이가 내려오는 대목'

"아이고 형님! 이 엄동 설한풍에 자식들을 데리고

어느 곳으로 가서 산단 말이오."

〈흥보가〉 중 '흥보 쫓겨나는 대목'

어디서 많이 들어본 소리죠?

방송에서 한 번쯤 들어봤을 텐데, 이 소리가 판소리라는 걸 알고 있었는지요? 판소리는 조선시대부터 지금까지 전승된 전통음악입니다. 현재 국가무형유산으로 지정되어 있고, 유네스코 인류무형유산으로 등재되어, K-Culture의 뿌리를 증명하는 한국의 전통 유산이랍니다.

판소리는 서사적 이야기를 소리꾼 한 명이 고수의 북장단에 맞추어 소리(노래), 아니리(말), 발림(몸짓) 등 세 요소를 엮어 만든 1인 극음악입니다. '판소리'라는 말은 20세기부터 사용했는데, 이전에는 '창', '창악', '소리'라고 불렀답니다. 판소리는 '판'에서 부르는 '소리'라는 뜻입니다.

여기 끝말이 '판'자로 끝나는 단어가 있습니다. 놀이판, 먹자판, 난장판, 웃음판, 시장판, 소리판 등등. 그럼, '판'의 뜻은 무엇일까요? '판'은 사람들이 모인 현장을 떠올리게 합니다. '놀이판'은 놀이가 벌어지는 공간을, '소리판'은 판소리를 공연하는 장소나 상황을 의미합니다. 그러니 '판'은 어떤 상황이 전개되는 공간적 배경이나 중심이 되는 자리를 의미한다고 볼 수 있습니다. 같은 목적을 가진 사람들 여럿이 모여 서로 소통하는 공간이지요.

자, 그럼! 판소리 한 판이 벌어졌어요.

이 소리판에 꼭 있어야 할 것은 무엇일까요? 누가 뭐라 해도 당연 1순위는 노래하는 '소리꾼'(창자)이죠. 다음은 소리꾼의 껌딱지, 소리꾼의 반주자! 소리할 때 북으로 장단을 쳐서 박을 짚어주는 '고수'가 있어야 해요.

고수는 사설(가사)의 내용에 따라 선택한 진양조장단, 중모리장단, 중중모리장단, 자진모리장단, 엇모리, 휘모리장단 등 다양한 장단을 북으로 짚어줍니다. 때로는 소리꾼과 짧은 대화를 나누기도 하고, 북장단을 변형하거나 추임새를 넣어서 흥을 돋우기도 합니다.

마지막으로 무대를 가득 메운 청중이 꼭 필요합니다. 모든 공연에 반드시 청중이 있기 마련이지만, 판소리 공연에서 청중이 없으면 '핵심 실종'이라고 해야 할까요. 객석에서 조용히 감상만 하는 청중 말고, 소리꾼을 응원하고 소통하는 청중이 필요합니다. 명창의 소리에 화답하듯 자신도 모르게 "얼씨구", "그렇지", "잘 한다"와 같은 추임새로 흥을 돋우는 사람이 바로 청중이거든요.

좋은 소리를 분별하여 즐길 줄 아는 사람을 귀명창이라고 하는데, 명창처럼 소리를 할 수는 없지만 좋은 소리를 구분할 수 있는 사람을 일컫죠. 아래 그림을 보면 판소리 공연 현장을 쉽게 이해할 수 있을 겁니다.

옆 그림을 보면서 '판소리 요소 찾기'를 해볼게요.

이 그림은 명창 모흥갑의 판소리 공연을 그린 겁니다.

무대(돗자리) 위에서 부채를 들고 소리하는 남자 소리꾼이 보이나요? 바로 맞은편에 앉아 북을 치고 있는 고수도 찾았는지요? 청중은 어디 있나요? 소리꾼이 서 있는 정면에 돗자리를 깔고 앉아 판소리를 감상하는 한 무리가 보이나요? 이 중에는 귀명창도 있고 판소리를 잘 모르는 사람도 있겠죠?

확 트인 장소에 홀로 서 있는 소리꾼은 머리를 정갈하게 빗어 넘기고 한복을 차려입고 부채를 들고서 고수의 북장단과 청중의 추임새에 힘입어 멋진 소리판을 이끌고 있죠. 이 사람이 바로 판소리 명창 모흥갑입니다.

모흥갑은 조선 '순조-헌종-철종' 대에 활약한 판소리 명창인데, 그가 대동강이 내려다보이는 평양 연광정에서 소리를 하면 '덜미소리'를 질러 10리 밖까지 들렸다고 합니다.

'덜미소리'는 판소리 전문용어인데, 소리꾼이 목덜미를 울려

아하! 판소리!

크고 높게 질러내는 것을 말해요. 판소리 발성법의 하나인데, 소리를 낼 때 배에 힘 빡(!)주고 배 속에서 소리를 펌프질해서 직선으로 힘 있게 뽑아 올리는 소리랍니다. 이렇게 소리를 지르면 성량이 풍부하고 우람한 느낌을 준답니다.

소리꾼은 본격적인 판소리를 시작하기 전에 목을 푸는 '단가' 즉 '짧은 노래'를 부릅니다. 성악가들이 목 풀 때 "아~ 아~ 아~ 아~ " 하면서 목을 가다듬는 걸 알죠? 한국 전통 음악을 전공하는 소리꾼들은 '단가' 한 곡조를 부르면서 목을 풀어요. 예를 들어, 〈진국명산〉·〈죽장망혜〉·〈운담풍경〉·〈사철가〉·〈백발가〉·〈이산저산〉 이런 곡이요. 단가는 보통 5-6분 정도 분량의 노래인데요. 요즘은 무대에서 단품으로 단가만을 부르기도 합니다.

한 자리에서 사람의 일생을 다 이야기하기란 쉽지 않겠지요? 그런데, 소리꾼은 합니다. 소리꾼이 한자리에서 이야기의 처음부터 끝까지 모두 부르는 것을 '완창'이라고 해요. 예를 들어, 이몽룡과 성춘향의 사랑 이야기를 담은 판소리 〈춘향가〉는 '사랑-이별-고난-재회'로 이야기가 구성되어 있는데요. 이 이야기를 책으로 엮으면 한 권의 소설이 되지요.

누군가 이 책 한 권을 한자리에서 다 읽어준다고 생각해 보세요. 읽는 사람마다 선택적으로 특정 부분을 강조하거나, 줄이거나, 추가하기도 할 텐데요. 판소리도 그렇습니다.

유파나 개인적 선호에 따라 이야기가 덧붙여지거나 다르게 표현되기도 해요. 아무튼, 그 길고 긴 이야기를 한 번에 판소리로 들려주면 시간이 얼마나 걸릴까요? 짧게는 2~3시간, 길게는 최대 10시간까지 걸립니다. 판소리 마니아가 아니라면 굉장한 인내심이 있어야겠지요?

조선 후기 판소리가 절정이던 때, 반가에 초청된 소리꾼은 그 집에 머무르며 며칠 동안 한 바탕을 불렀다고 해요. 1900년대 초에 서양의 영화, 연극, 텔레비전 등 신문물이 들어오면서 사람들은 더는 긴 시간 동안 판소리를 듣는 것을 좋아하지 않게 되었어요.

판소리의 대목 중 대중이 가장 좋아하는 곳을 '눈대목'이라고 하는데, 개항 이후 영화나 연극을 상연하는 극장이 생겨나면서 〈춘향가〉의 「사랑가」, 「이별가」, 「쑥대머리」 같은 '눈대목'만 뽑아서 부르는 '부분창'을 불렀답니다. 판소리를 배우는 사람들도 극장 공연에 필요한 '눈대목'만 배우는 풍조가 생겨났고, 일제강점기를 거치며 판소리의 완창 공연은 점차 사라질 위기에 처했지요.

우리가 흔히 '전통 판소리'라고 부르는 〈춘향가〉, 〈흥보가〉, 〈심청가〉, 〈수궁가〉, 〈적벽가〉를 '판소리 다섯 마당(또는 다섯 바탕)'이라고 하는데, 모두 조선시대 작품이에요. 조선 후기, 정조에서 고종에 이르는 시기는 판소리 전성기로 꼽히죠. 이 무렵

판소리는 예술 음악으로서 틀을 갖추었고, '판소리 열두 마당'
도 이 시기에 정립되었어요. 세상을 들었다 놨다 하던 내로라
하는 명창들이 즐비했죠. 하지만 대한제국과 일제강점기를 지
나면서 판소리는 점점 쇠퇴해 단절 위기에 내몰렸고, 대신 여
성국극이 인기를 끌었답니다. 1960년대 초 유기룡은 '동아일
보' 기고에서 판소리 전승 상황을 '풍전등화'라 할 만큼 위태롭
다고 했어요.[*]

　다행히 1962년 1월 10일, '문화재보호법'이 제정·공포되었
고, 이 법을 근거로 문화재관리국(현재는 국가유산청)은 1964년
12월 24일, 판소리 다섯 마당 가운데 〈춘향가〉를 처음으로 '국
가무형문화재 제5호 판소리 〈춘향가〉로 지정했어요. 그 뒤를
이어 〈심청가〉, 〈수궁가〉, 〈흥보가〉, 〈적벽가〉도 차례로 지정되
면서, 판소리 다섯 마당이 모두 국가무형문화재(현재는 국가무형
유산)로 보호받게 되었답니다.

　그 덕분에 판소리는 오늘날까지도 완창 형식으로 전승되고
있어요. 그때 '문화재보호법'이 제정되지 않았다면, 문화재관
리국이 판소리를 국가무형유산으로 지정하지 않았더라면 어
땠을까요? 지금처럼 다섯 마당을 온전히 감상하기는 어려웠을
지도 몰라요. 당시에는 판소리 전승이 풍전등화의 위기에 있다

---

[*]　유기룡, '판소리는 없어져야 할 것인가' [동아일보], 1961년 02월 16일. 석간, 4면, 1단.

는 말까지 나올 정도로 심각했거든요. 그때는 판소리뿐만 아니라 전통예술 종목 대부분이 대중의 외면을 받고 있었어요. 희망이 없어 보이는 전통예술을 굳이 배우려는 사람도 거의 없었고, 그걸 지켜내려는 사람도 손에 꼽을 정도였지요. 이렇듯, 제도의 힘으로 잘 보전한 덕분에 2003년에 유네스코 인류무형유산으로도 등재되어, 이제는 전 세계적으로 그 가치를 인정받는 예술이 되었답니다.

어떤가요? 이야기를 듣고 보니, 그 많은 우여곡절을 겪고도 오늘날까지 국가무형유산으로 전승되고 있는 판소리가 더 소중하게 다가오지 않나요? 조금만 더 소개해 달라고요? 좋습니다! 본격적으로 작품을 감상하기 전에, 판소리를 이해하는 데 도움이 될 배경지식 하나 더 들려줄게요.

전통 판소리가 음악 장르로 자리를 잡기 시작한 초창기, 그 시절 판소리는 철저히 서민의 음악이었죠. 소리광대들이 이웃과 함께 울고 웃으며 살아가는 이야기를 그대로 소리판에 올렸던 것이죠. 하지만 시간이 지나면서 양반층도 판소리를 즐기기 시작했고, 급기야 임금님까지 '판소리 찐팬'이 되면서 분위기가 크게 달라졌습니다. 전통 사극 영화나 드라마를 보면 임금이나 높은 양반들의 말투와 농사짓는 서민들 말투가 확연히 다르잖아요.

이처럼 판소리를 즐기는 계층이 점차 확대하면서, 판소리 내용과 표현 방식도 새로운 '소비자', 즉 '후원자'의 취향에 맞춰 변화하기 시작했죠. 판소리 애호층이 넓어지면서 서민이 즐겨 쓰던 소박하고 구수한 표현 대신, 양반층이 선호하는 문어체와 한자어가 등장하게 됩니다. 그리고 후원자의 입맛에 맞추어 성리학적 유교 사상을 반영한 주제나 고사성어도 점점 많아졌지요. 그러니 오늘날 우리가 판소리를 다소 어렵고 낯설게 느끼는 것도 어쩌면 당연한 일일지도 모릅니다.

특히 조선 후기에 활동한 명창들은 양반층의 후원을 받는 경우가 많았어요. 소리꾼들 역시 자연스럽게 후원자의 취향에 맞춰 사설의 내용이나 표현을 취사선택하게 되었고요. 게다가 이 시기에 학식 있는 '비가비 광대'들이 등장하면서 판소리 사설 속에도 그들의 언어와 지식이 본격적으로 스며들기 시작합니다. 뭔가 고급화되었다고 할까요.

그런데 '비가비 광대'가 뭐냐고요? 생소하죠? 다른 말로 '비갑非甲이', '비갭이' 또는 '양반광대'라고도 한답니다. 조선시대는 신분 질서가 엄격한 사회였잖아요. 원래 판소리는 광대나 재인처럼 천민 계층의 예인이 주로 하던 예술이었답니다.

하지만 조선 후기로 접어들면서 '학식을 갖춘 몰락 양반이나 중인 중에서 소리광대'*가 나타났습니다. 대대로 소리를 전

---

* 송방송 『한겨레음악사전』

승하며 신분까지 물려받던 '갭이'(전통 광대 집안 출신)와는 달리, 새로운 배경을 가진 이들이죠.

그래서 이들을 구별하여 '비가비', 즉 '갭이가 아닌 광대'라고 부른 것이죠. 대표적인 인물로는 몰락한 양반 출신의 명창 최선달과 권삼득 등이 있습니다. 이 비가비 광대들은 신분과 배경은 달랐지만, 판소리 예술 발전에 큰 영향을 미쳤어요.

'비가비'라는 용어, 잘 기억해 두세요. 혹시 여러분이 이 책을 읽고 판소리에 푹 빠져서, 갑자기 소리의 세계에 입문한다고 가정해 볼까요? 처음에는 판소리를 배우는 과정이 생각보다 쉽지 않을 거예요. 하지만 중도에 포기하지 않고 꾸준히 공력을 쌓아서, 마침내 득음의 경지에 이르고, 언젠가 '명창'의 반열에 오른다면? 그때 여러분이 바로 그 '비가비 광대'가 되는 겁니다. 물론……대략 20년 정도 지치지 않고 열심히 수련한다면요!(하하)

오늘날 국가무형유산으로 지정된 판소리 다섯 마당의 정통성을 인정받고, 전승자의 대표 격으로 국가에서 지급하는 전승 지원금을 받아 활동하는 사람을 '보유자' 혹은 '인간문화재'라고 부른답니다.

어떻게, 지금부터라도 그 영예로운 인간문화재에 도전해 볼래요? 미리 말하지만……저는 책임 못 집니다. 이미 어릴 적부터 수십 년간 소리 공력을 쌓은 쟁쟁한 실력자들이 많거든요.

만약 '인간문화재'가 아닌 멋진 소리꾼을 꿈꾼다면 대환영입니다. 마음의 준비가 되었다면 내일부터 소리 선생님을 모시고, 구전심수 방식으로 한 소절씩 판소리를 배워보는 거예요.

판소리를 흔히 구전심수(口傳心授:입으로 전해주고 마음으로 가르침. 즉 글자가 아닌 말과 소리로 전수하며, 제자가 스승의 소리를 포함한 모든 것이 몸에 배도록 가르침을 받는 것)의 예술이라고 하지요. 판소리 전수는 전통적으로 사설을 기록한 악보집을 두고 배우는 것이 아니라, 스승이 소리로 불러주면 그 자리에서 한 소절씩 그대로 따라 부르는 방식으로 배운답니다.

판소리가 형성된 초창기에는 가사를 기록한 책이 전혀 없었는데, 최초 문헌으로 기록한 것은 영조 30년인 1754년에 유진한이 한시로 쓴 『만화본춘향가晩華本春香歌』랍니다.

조선시대 판소리 소재는 당시 민간에 널리 유행한 이야기책 『춘향전』, 『흥보전』, 『심청전』, 『장화홍련전』 등이었어요. 대중이 좋아하는 책 내용을 가져와서 노래를 부르는 '소리'와 설명하듯 말로 이어가는 '아니리'로 나누어 판소리를 구성했답니다.

조선 중기에는 판소리 열두 마당을 불렀다고 하는데, 오늘날에는 판소리 다섯 마당이 국가무형유산으로 지정되어 창본(사설집)과 함께 전해지고 있어요.

판소리, 내가 좀 안다고 뽐내려면 아래 내용 정도는 알아야 해요. 이 정도는 알고 가자!

판소리 개념: 소리꾼이 고수의 북장단에 맞추어 소리, 아니리, 발림을 섞어가며 긴 이야기를 엮어가는 극적인 음악

판소리 3요소: 소리(창), 아니리(말), 발림(몸짓, 너름새)

판소리 12마당: 〈춘향가〉, 〈심청가〉, 〈흥보가〉, 〈수궁가〉, 〈적벽가〉, 〈변강쇠타령〉,〈배비장타령〉, 〈옹고집타령〉, 〈장끼타령〉, 〈왈자타령〉, 〈가짜신선타령〉, 〈강릉매화타령〉

신재효의 광대(소리꾼) **조건:** 인물치레, 사설치레, 득음, 너름새

눈대목: 판소리 한 마당 중에서 소리꾼이 특히 중요하게 여기고 자주 부르는 핵심 장면. 문학적으로 사설이 뛰어나거나, 음악적으로 감정을 극대화하는 부분으로, 청중의 감흥이 가장 고조되는 대목

이 정도면, 판소리에 대한 지식이 넓어졌나요? 그럼, 지금부터 전통 판소리 다섯 마당 중 주요 눈대목을 감상해 볼까요?

자! 판소리 세계로 항해를 떠나 봅시다!

아하! 판소리!

1장

이리 오너라, 업고 놀자!

판소리 〈춘향가〉

안숙선 명창, 국가무형유산 판소리 〈춘향가〉 보유자. (본인 제공)

판소리 〈춘향가〉는 조선시대 인기 소설 『춘향전』을 바탕으로, 소리꾼이 소리(노래)와 아니리(말)로 풀어낸 대표적인 판소리입니다. 양반 청년 이몽룡과 기생의 딸 성춘향의 사랑 이야기를 통해, 신분의 벽을 넘어선 사랑과 믿음, 불의에 맞선 용기, 세태를 비추는 풍자가 어우러진 작품이죠.

이야기의 배경은 전북 남원. 주인공은 이몽룡과 성춘향. 그들의 나이는 꽃다운 이팔청춘! 지금 나이로 보면 고1 정도. 서울에서 이사 온 흰 얼굴의 도시남 이몽룡! 그는 남원의 실세 남원부사의 아들이죠. 그가 사랑하게 될 성춘향은 남원에서 가장 예쁘기로 소문난 남원토박이. 기생 월매의 딸이죠. 엄마의 신분이 기생이었기에 모계 신분을 따라 춘향이도 기생 명단에 올랐지만, 실제로 기생으로 살지는 않았다고 해요. 또 아버지가 성참판이라고 하는 양반이었으니, 당시 신분제도에 따라 엄밀히 보면, 서녀庶女 신분이므로 기생은 아니지요. 차도남(차가운 도시 남자)과 따시녀(따뜻한 시골 여자)의 첫사랑! 벌써부터 가슴이 콩닥콩닥!

오래전 식어버린 연애 세포가 꿈틀거리는 것이 느껴지나요? 그럼, 좀 더 이야기의 진도를 나가 볼게요.

봄이 무르익어가는 단오(음력 5월 5일)에 몽룡이 방자를 데리고 남원 광한루로 구경을 나갔다가 그네를 타는 춘향을 보고 첫눈에 반했어요. 바로 그날 춘향 집에 찾아가 영원히 변치 않겠다는 사랑의 서약으로 백년가약을 맺고, 춘향과 연인이 되었어요.

선남선녀의 연애담은 그대의 상상에 맡기고 생략할게요. 그들의 사랑이 무르익을 때, 이몽룡의 아버지가 승진해 가족이 모두 서울로 떠나게 됩니다. 과거급제해서 춘향을 데리러 오겠다는 말을 남기고 몽룡이 서울로 가고, 홀로 남은 춘향은 몽룡을 그리워할 새도 없이 신관사또 변학도에게 핍박을 당하게 되죠. 춘향이 기생의 딸이니 관아에 와서 사또의 시중을 들라고 집요하게 강요·협박하지만, 춘향은 이미 이도령과 백년가약으로 부부가 되었고, 남편을 기다리고 있다면서 수청을 거절합니다. 화가 난 변사또는 춘향을 옥에 가두어 버립니다.

서울로 간 몽룡은 춘향에게 편지 한 장 쓸 틈도 없이 공부에만 몰두했어요. 그렇게 과거에 급제하고, 암행어사로 임명되어 남원에 내려온 이몽룡은 백성을 괴롭힌 탐관오리 변사또를 혼쭐내고, 마침내 춘향과 다시 만나 오래오래 행복하게 살았답니다.

이렇듯 판소리 〈춘향가〉는 신분을 초월한 사랑 이야기를 중심으로 펼쳐지지만, 그 안에서 춘향은 변사또라는 권력자에 저항하는 민중을 대변하고 있지요. 그리고 당대 유교 사회의 가부장제와 신분 질서의 불합리함을 통쾌하게 꼬집는 힘이 있습니다. 또 〈춘향가〉는 사설(이야기 전체 내용)의 문학성과 판소리의 음악성 모두에서 가장 예술성이 뛰어난 작품으로 평가받으며, 예나 지금이나 가장 많은 사랑을 받고 있습니다.

사설 분량도 판소리 다섯 마당 가운데 가장 길어, 완창으로 부르면 짧게는 5시간, 길게는 8시간 이상 걸릴 정도의 대서사시지요. 소리꾼의 입을 통해 사랑과 저항, 풍자와 감동이 밀도 있게 흘러나와, 듣는 이의 마음을 오래도록 사로잡습니다.

지금부터 판소리 〈춘향가〉 눈대목을 한 대목씩 톺아보며 감상할까요? .

이리 보아도 내 사랑,
'사랑가'

　「사랑가」는 이몽룡과 성춘향이 한창 사랑에 빠져 있을 때 부른 사랑 대목입니다. 판소리 더늠(개인이 특별히 잘 부르는 대목) 중에서 대중의 사랑을 많이 받았답니다.

　예나 지금이나 사랑은 생각만 해도 단숨에 사람의 마음을 사로잡는 말이지요. 「사랑가」와 관련한 배경지식 하나! 판소리 〈춘향가〉 사설이 문자로 처음 기록된 것은 1754년(영조 30년)이랍니다. 당시 충청도 목천에 살았던 만화晩華 유진한이 전라도 지역을 여행하던 중 우연히 광대들이 부르는 판소리 〈춘향가〉를 듣고 심취하여 기억해두었다 집에 돌아와 한문시로 쓴 가사 「춘향가이백구歌詞春香歌二百句」입니다. 어떻게 묘사되었는지 잠시 살펴보겠습니다.

나이 아직 어리지만 풍류속은 대단하니 깊고도 깊은 정을 무엇으로 보일까나. 금으로 능화 문양 아로새긴 옥거울에 죽절 모양 은비녀를 왜관당서 사다 주고. 오동 쇠로 자루 만든 통영이 은장도와 자주 명두 운두 장식 평양 신발 네게 주마. 주고 또 주어도 조금도 아깝잖고 다시 한이 되는 것은 돈이 많지 않은 거라.[*]

이도령은 사랑하는 연인에게 깊고도 깊은 정을 표현하기 위해 온갖 선물을 하고 싶은 모양입니다. 여성에게 필요한 옥거울, 은비녀, 은장도, 신발 등 무엇이든 다 사주고 싶은데, 어린 학생 신분으로 가진 돈이 많지 않아, 마음만큼 선물하지 못해 안타까운 마음을 노래하고 있네요.

이 사설은 1754년에 당시 소리꾼이 부른 것을 옮겨 적은 것입니다. 현재 사랑받는 「사랑가」는 어린 시절부터 일찍이 소년 명창으로 이름을 떨친 명창 고수관제 「자진(빠른)사랑가」와 명창 송흥록이 짓고 순조 때 명창인 송광록이 발전시킨 「긴(느린)사랑가」가 있습니다.

대중에게 잘 알려진 「자진사랑가」는 춘향의 집에서 이도령과 춘향이 술상을 차려놓고 즐기며 부른 노래입니다. 약간 빠른 속도의 중중모리장단에 맞추어 부르지요. 가사는 아마 한

---

[*] 유진한 저, 송하준 역, 『국역만화집』(서울: 학자원, 2013), 200-201쪽.

1장. 이리 오너라, 업고 놀자! 판소리 〈춘향가〉

번쯤 들어봤을 겁니다.

중중모리장단

이리 오너라 업고 놀자.

이리 오너라 업고 놀자.

사랑 사랑 사랑 내 사랑이야.

사랑이로구나 내 사랑이야.

이히 이이이이이 내 사랑이로다.

아뙤도 내 사랑아.

니가 무엇을 먹으랴느냐.

니가 무엇을 먹으랴느냐.

둥글둥글 수박 웃봉지 떼뜨리고

강능 백청을 따르르르 부어

씨는 발라 버리고

붉은점 움푹 떠 반간진수로 먹으려느냐.

안숙선 명창의 '사랑가'

이도령이 춘향에게 권한 음식 중 잘 모르는 것이 있지요? 강릉의 특산품, 강릉 백청은 빛깔이 희고 고운 꿀을 말합니다. 조선시대 상류층에서는 수박에 꿀을 발라 달달하게 먹었다고 하는데요. 아마도 수박화채 맛과 비슷하겠죠? 강릉 백청을 최고의 꿀로 인정했다고 하는데, 『춘관통고』와 같은 옛 기록을 보면 궁궐의 대전과 중궁전, 세자궁 등에 강릉 백청을 진상했다는 기록이 있습니다.

이토록 귀한 꿀을 구해다가 춘향에게 주고 싶다는 그 마음이 매우 감동적이죠?「자진사랑가」는 이도령이 춘향을 업고 노는 대목인데요. 이렇듯 이도령은 바라만 봐도 그저 좋은 춘향을 업고 놀며, 그것도 모자라 춘향이 먹고 싶은 것이 무엇이든, 어떤 선물이든 다 주고 싶은 모양입니다. 돈은 없지만 마음은 북극 얼음이라도 공수해 줄 정도로 진심인거죠.

영화 도리화가 중 '사랑가' 부분

여기서 잠깐, 중중모리장단을 살펴보고 갈까요?

중중모리장단은 한 박이 팔분음표 3개로 이루어진 '3소박 4박자' 구조로 중모리장단과 비슷하지만, 중모리장단보다 약 2

배 정도 빠른 장단입니다. 「긴사랑가」처럼 춤추는 대목이나 대체로 경쾌하고 활기찬 느낌의 〈심청가〉 중 「화초타령」, 〈흥보가〉 중 「비단타령」 등의 대목에서 주로 쓰인답니다. 아래 꽃 장단보를 보며 양손을 이용하여 무릎장단을 쳐 보세요.

중중모리장단

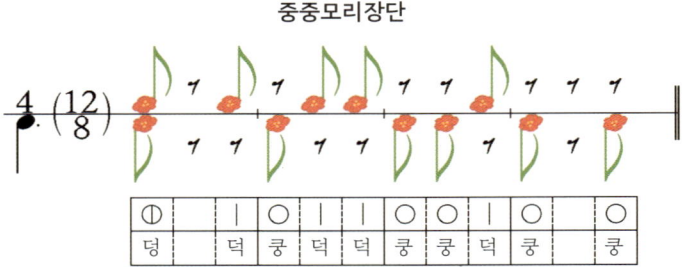

⊕			○				○	○		○		○
덩		덕	쿵	덕	덕	쿵	쿵	덕	쿵		쿵

이제 가면 언제 오시오,
'이별가'

이 눈대목은 설명이 조금 길어요. 이별이 어디 그리 쉽던가요? 영원한 사랑을 꿈꾼 청년 몽룡과 춘향의 이별이 다가오고 있습니다.

자기 집 드나들 듯 부모님 눈을 피해 매일 춘향 집을 찾아오던 몽룡의 발길이 뚝 끊기고, 바쁘면 방자를 시켜 그 사유라도 알려주면 좋을 텐데……이렇다 저렇다 아무 소식도 없이 갑자기 오지 않으니, 춘향의 속은 타들어 갑니다.

연인의 마음이 그렇죠?

처음엔 무슨 일이 있는 걸까? 태산만큼 걱정하다가, 나중엔 걱정이 화로 변하죠. 뭐지? 밀당인가? 이렇게 끝나는 건가? 온 갖 상상을 다 하다가 지칠 때쯤 상대가 짠! 하고 나타나잖아요.

아무 일 없었다는 듯이 태연하게.

이몽룡이 왜 갑자기 춘향을 만나러 오지 않은 걸까요?

알고 보니 집안 사정! 남원부사인 아버지가 임금님의 부르심을 받고 다시 서울로 가게 된 겁니다. 집안엔 경사가 났는데, 몽룡에겐 날벼락이 따로 없었죠.

춘향이 양반집 딸이면 부모님께 청하여 혼인하고 같이 서울로 가면 일은 간단한데요. 당시 엄격한 신분 계급으로 보면 춘향이 천인이라 혼인은 불가능한 일이죠. 춘향 아버지가 양반이었다는 설이 있는데, 기생의 딸이니 혼인이 성사되기엔 애당초 그른 거죠.

춘향을 처음 만난 날, 사랑에 눈이 먼 몽룡이 머지않아 다가올 미래 일까지 생각했을까요? 집안 식구들은 경사로 들떠있는데, 몽룡은 이러지도 저러지도 못하고 책방에 머물며 고민이 깊어 갑니다. 몇 날 며칠 숙고한 끝에 몽룡이 집을 나섭니다.

오랜만에 나타난 이몽룡을 반기는 춘향.

그러나 간만에 나타난 몽룡의 그늘진 얼굴을 보며 직감하죠. 무슨 일이 있구나. 남친의 이/별/통/보!

몽룡은 아버지를 따라 서울로 올라가야 하니 당분간 만날 수 없다. 하지만 영원히 헤어지는 것은 아니며, 과거에 급제하여 데리러 오겠다고 대안을 제시합니다. 몽룡이 애처로운 눈빛으로 꼭 다시 와서 데려가겠다고 하지만, 청천벽력 같은 이별통

보에 춘향은 넋 놓고 울어도 보고, 절대 헤어질 수 없다고 발악도 합니다. 그렇다고 상황이 달라지지 않는다는 걸 춘향도 알고 있지만, 그렇게라도 해야 자신이 살 수 있을 것 같아, 현실을 부정하며 눈물을 쏟아내는 거죠.

한밤에 벌어진 소동에 건넌방에서 자던 춘향모 월매가 이 소식을 듣고 또 한 번 난리가 나죠. 곱게 키운 딸의 앞길 막아놓고 무책임하게 떠나다니, 가슴이 쓰리고 아립니다. 이내 모녀가 서로 끌어안고 대성통곡이 이어집니다.

이제 남은 건, 이별 의식!

소개할 대목은 남원 '오리정'까지 마중나온 춘향과 몽룡의 마지막 이별 장면입니다. 다시 만날 날을 기약하며 눈물로 이별하는 애처로운 대목이죠.

이즈음에서 박봉술 명창이 그려낸 〈춘향가〉의 아주 특별한 이별 대목 이야기를 해볼까요?

박봉술 명창은 동편제 판소리를 전승한 소리꾼이에요. 그가 남긴 판소리 〈흥보가〉, 〈적벽가〉, 〈수궁가〉는 지금까지도 전해지고 있지만, 박봉술제 〈춘향가〉는 한동안 전승이 끊겼다가 최근에 복원됐어요. 이렇게 한동안 전해지지 않다가, 자료를 찾아서 다시 살려낸 판소리를 '복원 판소리'라고 해요.

박봉술제 〈춘향가〉의 이별 대목은 기존의 짧고 운율적인 형식(3음보, 4음보)보다는, 상황을 더 생생하게 전달하려고 산문

체로 되어 있는 것이 특징이에요.

판소리에서 말하는 사설은 '이야기' 즉, 판소리의 텍스트를 뜻해요. 판소리는 한 명의 소리꾼이 고수의 북장단에 맞춰서 소리와 아니리, 발림을 섞어가며 1인창으로 부르지요? 여기서 소리와 아니리에 해당하는 판소리의 전체 내용을 '사설'이라고 불러요. 일상에서도 "사설이 너무 길다"라는 말을 하잖아요? 그때의 '사설'이랑 같은 의미예요.

사실 판소리는 내용이 워낙 길어서, 완창(전체 공연)하면 짧아도 2시간, 길면 10시간이나 걸려요. 그래서 판소리의 이야기 자체를 '사설'이라고 부르게 된 게 아닐까 싶어요. 뭐, 이건 제가 책을 쓰면서 문득 떠올린 생각이니까 그냥 그런가 보다~ 하고 넘어가도 좋아요. 아, 근데 지금 제가 참 사설이 길었네요. 이제 본론으로 돌아가 볼까요? 장담하는데, 춘향과 몽룡의 이별 장면도 사설이 만만치 않게 길어요.

몽룡과 춘향의 「이별가」를 소개하려니 "아! 이별이 그리 쉬운가"라는 가사가 떠오릅니다. 판소리 〈춘향가〉에서 「이별가」만 따로 떼어 보면 한 시간이 넘거든요. 6시간 완창무대를 가정했을 때, 이별 장면만 60분을 차지하니 꽤 긴 시간을 공들여 이별하는 것을 알 수 있습니다.

여러 버전이 있는데요. 여기서 소개할 「이별가」는 명창 박봉술이 부른 「춘향 어모 일어나며」로, 중모리장단입니다. 112장단으로 구성되어 내용이 아주 길어요.

중모리장단은 보통 빠르기의 12/4박 장단입니다. 템포는 진양조장단보다 조금 빠르고, 중중모리장단보다 조금 느린 중간 빠르기입니다. 서정적이고 담담하게 말하듯이 상황을 설명하는 대목에서 많이 사용합니다.

흥미롭게 들려주고자 내용을 잘라서 토막토막 소개할게요.

중모리장단

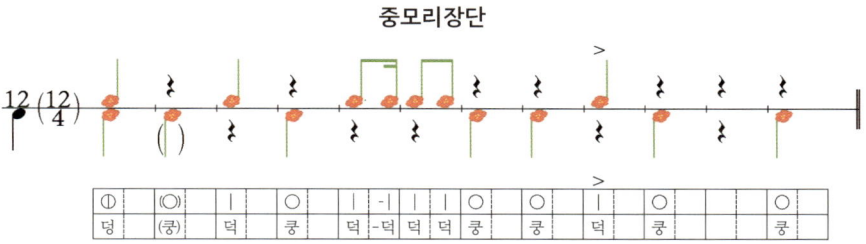

이별 사설, 조선시대 막장 드라마, 500냥에 이별 합의(?)

"춘향 어모 부르라".

"춘향어모 대령하였소".

"이리 올라오라 하여라".

"늙은이, 게 앉게. 우리 피차 사돈간에 이렇게 보기 애도롭네. 도련님이 춘향을 다려가자 헌들 사정을 들어보니 부형계신 하방에 와 기생 작첩하였다 하면, 조정에 돌리어 벼슬도 못하고 일가에 버림행

　　　　　　　　　　　1장. 이리 오너라, 업고 놀자! 판소리 〈춘향가〉

이 되야 장가도 못 들 테니 사세가 이지경이 되야 못 다려가는 것을 부대 섭섭히 알지 말게 ”. 도련님 올라가겨 등과하야 입장 연 후에 전인배제 할 터이니 그때 올려 보내게. 돈 오백냥 내어주며 “이 돈은 춘향이 다려갈 동안 두고 여생하고”

무슨 내용인지 감이 오나요?

남원부사의 처이며 이몽룡의 엄마가 일방적으로 춘향 엄마 월매를 불러 돈 500냥을 주면서 애들을 떼어 놓자고 분부하죠. 춘향 걱정은 1도 없고, 오로지 아들 걱정뿐입니다. 몽룡이 춘향에게 발목 잡혀 출세도 못하고 장가도 못 가게 생겼으니, 춘향을 데려갈 수 없다. 섭섭하게 생각하지 마라. 대신, 나중에 춘향을 데려가겠다고(아마도 첩으로) 하는군요. 몽룡이 과거에 급제해서 출세하고 양반집 딸과 혼인하고 자리잡은 후에 말이죠. 어차피 신분 차이 때문에 정식 혼인은 어려울 테니, 현실을 받아들이라는 거죠.

어디서 많이 본 장면 아닌가요? 그렇죠! 아침 드라마 혹은 막장 드라마에 자주 등장하죠. 돈으로 안 되는 것은 없다. 사랑도 이별도 돈으로 해결하려는 얄팍한 술수죠. 재벌가의 잘난 남자와 가난한 집의 여자가 사귀면, 그 남자의 엄마가(아빠는 뒤로 빠지고) 돈봉투 들고 와서 상대 여자에게 이렇게 말합니다. “얼마면 되겠니?”, “이거 받고 끝내!” 치욕적인 말이죠. 이상,

조선시대 막장 드라마의 한 장면이었습니다.

혹시 조선시대 500냥이 지금 돈으로 환산하면 얼마나 되는지 궁금하지 않나요? 조선 후기 기준으로, 1냥은 약 쌀 10kg 정도를 살 수 있어요. 쌀 10kg 가격을 대략 4만 원으로 환산하면, 40,000원×500=2천만 원 정도입니다.

이 정도면 되겠니?(하핫.)

그러나 이 내용은 박봉술제 〈춘향가〉에만 있는 사설입니다. 다른 제에서는 몽룡 엄마의 개입 없이 몽룡이 직접 현실을 돌파합니다.

동초 김세종제 〈춘향가〉에는 월매가 몽룡에게 "춘향이도 죽이고, 나도 죽이고, 향단이까지 마자 죽여, 세 식구 아조 죽여 땅에 묻고 가면 갔지 살려두고는 못 가리다"라고 하죠. 갈 테면, 우리 춘향이 데리고 가라. 그게 아니면 월매와 춘향, 향단까지 세 식구 다 죽여서 땅에 묻고 가라면서, 사생결단을 낼 태세로 말하죠.

만정 김소희제 〈춘향가〉를 볼까요? 월매는 딸 춘향에게 주먹 쥐어 딸 겨누며, "너 요년 썩 죽어라. 너 죽은 시체라도 저 양반이 치고가게." 이런 모진 말을 합니다. 양반 사위 몽룡에게 욕을 할 수는 없으니, 말의 방향을 틀어 춘향에게 화살을 겨눈 거죠. 그래도 맥락은 김세종제와 같습니다. "몽룡아, 춘향을 죽여서라도 데려가라!" 딸의 신세를 제대로 망친 양반 사위 이몽룡에게 엄포를 놓습니다.

정정렬제 〈춘향가〉는 월매의 협박은 보이지 않고, 밤새 춘향은 울고불고, 몽룡은 춘향을 달래는 내용으로 진행합니다. 이렇게 '제'마다 이별 장면 서술이 조금씩 다른데요. 도대체 판소리에서 '제'는 무엇을 의미하는 걸까요? '넓고 얕은 판소리 지식'하나 더 알려줄게요.

판소리 용어 '제'는 다른 말로 '유파'라고도 합니다.

우리나라 국토는 좁지만, 지방별로 개성있는 사투리가 발달되어 있지요? 판소리도 그렇습니다. 판소리를 계승한 지역과 가계家系에 따라 독특한 음악적 특징이 발달되었어요. 조선시대를 기준으로 하면, 동편제, 서편제, 중고제가 대표적이죠. 동편제와 서편제는 전라도 지역 소리입니다. 섬진강 기준!

동편제는 섬진강 동쪽 지역인 남원, 순창, 곡성, 구례, 흥덕 지역의 명창들이 발전시킨 소리입니다. 씩씩하고 웅장한 느낌을 주며 소리끝을 짧게 끊어서 엄격한 느낌을 주는 '우조羽調'를 많이 사용하죠. 발성이 무겁고 통성을 써서 위엄있고 웅장한 소리가 특징입니다.

서편제는 섬진강의 서쪽 지역인 광주, 나주, 담양, 화순, 보성 지역 명창들이 발전시킨 소리죠. 애절하고 슬프고 소리 끝을 길게 빼는 '계면조界面調'를 많이 사용합니다. 정교하고 감칠맛이 나는 소리가 일품입니다.

중고제는 충청도, 경기도 지역 명창들이 발전시킨 소리입니다. 동편과 서편의 중간소리 즉 비동비서非東非西라고 하지요. 충청도 양반의 모습을 떠올리면 쉽게 다가올 텐데요. 소리가 책을 읽듯 덤덤해요. 현재는 거의 전승이 끊겼고, 복원작업을 하고 있답니다.

이렇게 조선시대 판소리는 지역적인 특성에 따라 동편제, 서편제, 중고제로 나뉘었는데요. 20세기 들어와서는 명창들이 활동 지역을 넓혀가면서 지역 구분은 의미가 퇴색되었어요. 지역 혹은 가계를 중심으로 전승되던 소리들이 서로 섞이거나, 제자들이 스승에게 배운 소리를 자기화해서 새로운 소리제를 만들었답니다.

현재는 동편제와 서편제를 비롯하여 새로운 소리제를 만든 사람의 호를 딴 동초제, 만정제, 강산제, 미산제 등이 전승되고 있어요. 더 세부적으로 보면, '제'보다는 작은 개념으로, '제' 속에 여러 '바디'가 존재해요. '제'라는 말은 다양한 의미로 사용되는데요. 일반적으로 '다양한 판소리를 유형화하여, 비슷한 양식끼리 한 데 묶어 구분한 것'을 '제'라고 합니다.

'제'에 속한 '바디'는 뭘까요?

스승께 배운 대로 소리를 하는 사람이 있는가 하면, 어떤 제자는 그대로 따라 하는 것은 재미없다며 자기만의 것을 만들고 싶어 합니다. 자기만의 소리를 만드는 방법은 크게 두 가지

1장. 이리 오너라, 업고 놀자! 판소리 〈춘향가〉

가 있어요. 하나는 스승께 사사한 계보 소리를 유지하면서도 그것을 자기화해서 개성 있게 부르거나 새로운 것을 추가하는 방식이죠. 다른 하나는 여러 유파의 스승께 소리를 배운 후(유파가 섞이겠죠?) 각 스승의 소리 중 취사선택하여 새롭게 짜거나 기둥은 한 유파를 유지하면서 다른 유파의 소리를 수용하는 형식으로 만듭니다. 이것을 '바디'라고 해요. 앞에 만든 사람 이름을 붙여서 '000바디'라고 부르죠.

이를테면, 유파 〈동편제〉의 명창 송만갑은 '송흥록-송광록-송우룡'의 송판소리를 전승하면서 자신만의 소리제를 '송만갑바디'라 했고, 그에게 소리를 배운 김정문과 김소희도 자신들만의 '김정문바디', '김소희바디'를 만들었답니다. '바디'를 '판'이라고도 해요. 그러니까 '송만갑바디' 혹은 '송판'소리라고도 부릅니다.

조금 어렵나요? 이렇게 정리할까요?

전승 계보로 볼 때 대분류는 '유파' = '제', 중분류는 바디'= '판'으로 나누면 조금 명확하게 다가올 것 같습니다.

춘향모 집으로 돌아와서, "아가 춘향아, 우지 마라. 대부인 분부가 이러시니 훗기약을 기다리자."한다. 춘향이 기가 막혀 정신없이 앉았을 때, 도련님이 나오거날, 춘향이 달려들어 도련님을 부여안고 일절통곡 애원성의 단장곡을 섞어 운다. 아이고 여보 도련님, 참으로 이별이 되오. (중략) "인제 가면 언제와요. 오마는 날이나 일러주오. 금강산 상상봉이 평지가 되거든 오랴시오. 사해 너른 바다가 육지가 되거든 오랴시오" (중략) "아이고 여보 도련님, 도련님은 사대부요. 춘향 나는 천인이라 함부로이 바리셔도 아무 탈도 없나니까" (중략) 춘향이 기가 막혀 "향단아, 술상 이리 가져오너라, 우리 처음 만날 적에는 합환주를 먹었더니 오늘날은 이별주 될 줄을 어이 알리."

집에 돌아온 월매는 춘향에게 몽룡 엄마 얘기(분부)를 전하며 현실을 받아들이자고 합니다.

그런데 춘향이가 슬프게 우는 장면에 어려운 한자가 있네요. "일절통곡(節慟哭, 한바탕 통곡) 애원성(哀怨聲, 슬프게 원망하며 탄식하는 소리)의 단장곡(斷腸曲, 애끓는 듯이 매우 슬픈 곡조)" 춘향이 애끓는 듯이 매우 슬픈 마음으로, 원망과 탄식하며 통곡하는 장면을 설명해주고 있네요. 그리고, 돌아오는 날을 알려달라면서 "금강산 상상봉(여러 봉우리 중에 가장 높은 봉우리)이 평지가 되거든 오랴시오. 사해 너른 바다가 육지가 되거든" 올 거냐고 묻죠. 몽룡이 데리러 오겠다고 하는데, 정말 올 건지, 언제나 올 것인지 체념하듯 묻는 말이죠. 모든 것이 끝난 것 같은 막막한 상황에서 별 생각이 다 들겠죠?

도련님이 기가 막혀 잡은 술잔을 물리치고 "예 아서라 올라가자! 예아서라, 올라가자! 너를 다려 왔다 허고 조정공론이 나거드면, 서울 아니면 살 디가 없느냐? 올라가자 올라가자." "그것도 못될 말씀, 도련님 올라가겨 부대 소식 끊지 마오, 편지 종종 하옵소서." "오냐, 춘향아. 그 말 말어라. 요지연의 서왕모도 주목왕을 보랴허고 소식 청조가 있었으니 남원 인편이 끊길소냐. 서러 말고 부대 잘 있거라. 내 사랑 춘향아 우지마라." 춘향이 기가 막혀 도련님을 부여잡고, "죽어도 같이 죽고, 살아도 같이 사세. 나를 두고는 못 가리다."

눈물 없이는 볼 수 없는 장면이 펼쳐지네요. 마지막 술잔을 손에 든 몽룡이 슬픔에 겨워 춘향한테 함께 가자고 말합니다. "서울 아니면 살 디가 없느냐?"면서 부모님이 허락 안 하시면 다른 데 가서 둘이 함께 살자고 하네요. 하지만 춘향은 그건 안 될 소리다. 서울 가서 자주 편지해라. 그러다가 다시 "죽어도 같이 죽고, 살아도 같이 사세"라며 절대 헤어질 수 없다고 울고 불고 난리가 났습니다.

이랬다가 저랬다가, 춘향이 변덕이 죽 끓듯 하네요. 이런 생이별을 당해보지 않은 사람은 이해 못 하겠지요? 죽어도 헤어지기는 싫은데, 그렇다고 사랑하는 사람의 앞길을 망칠 수 없다고 생각하는 춘향의 깊은 마음이죠.

"말은 가자고 네 굽을 치는데, 임은 잡고서 아니 놓네." 도련님이 하릴없이 말 위에 올라타니, 춘향이 달려들어 등자 디딘 도련님의 다리 잡고 "여보 도련님, 여보 도련님. 나를 어쩌고 가랴시오. 날 다려가오 날 다려가오."(중략) "오냐오냐 우지 말어라. 나 올라가 급제허면 너를 다려갈 것이니, 부디 서러말고 잘 있거라." 도련님이 나귀 타고 서울로 올라갈 제, 춘향이는 예의, 염치 아는 사람이라 나갈 수도 없고 대문 앞에 가서 엎드러져서 도련님 가는 곳만 무뚜뚜루미 바라보니, 한모롱이 돌아들어 나무만큼 보이다가, 두 모롱이를 돌아들어 별만큼 보이다가, 십오야 둥근 달이 떼 구름 속에 가 들겄구나.

신영희 명창의 〈춘향가〉 풀버전

이제 정말 헤어져야 할 시간입니다.

이도령이 마음을 다잡고 말 위에 올라앉았는데, 춘향이 다시 이도령의 다리를 부여잡고 자기도 데려가달라고 울부짖네요. 이도령은 과거에 급제해서 반드시 춘향을 데리러 오겠다고 또 한 번 맹세하며 매달리는 춘향을 달래고 머나먼 길을 떠나갑니다.

춘향은 자신의 집 대문 앞에 엎드린 채로 떠나가는 임의 뒷모습을 하염없이 바라봅니다. "한모롱이 돌아들어 나무만큼 보이다가, 두 모롱이를 돌아들어 별만큼 보이다가, 십오야 둥근 달이 떼 구름 속에 가 들겠구나."

아! 정말 멋진 표현이지요? 시야에서 조금씩 멀어져 가면서 더욱 작아지는 임의 모습이 "나무만큼 보이다가", "별만큼 보이다가" 결국 둥근 달이 구름 속에 가려진 것처럼 영영 보이지 않게 되었네요. 영영 이별입니다.

이 사설은 이란의 영화감독 압바스 키아로스타미 영화 〈올리브 나무 사이로〉의 엔딩 장면을 떠오르게 합니다. 테헤레를 짝사랑하는 호세인이 구혼에 실패하고도 실망하지 않고 그 뒤를 따릅니다. 올리브 숲길을 지나 저만치 멀어져가는 테헤레, 부지런히 발을 재촉해보지만 따라잡기는커녕 점점 작아져 별만큼 작게 보입니다. 물론 이 영화의 서사는 「이별가」와 맥락이 다르지만, 멀어져 가는 연인을 따라가는 카메라 앵글은 「이별가」와 겹쳐져 기시감을 안겨줍니다.[*]

또 이런 대중가요 가사도 떠오르네요. "멀어져 가는 그대 뒷모습을 바라보면서……" 이제는 뒷모습마저 영영 사라져 버린 임을 생각하는 춘향의 심정을 그 누가 헤아릴 수 있을까요?

당분간 제정신으로 살 순 없겠지요? 그래도 "밥만 잘 먹더라"고도 하지요. 실제로 많이 힘들 때 따뜻한 밥 한 공기 먹고

---

[*] 라디오 : FM 99.1MHz 국악방송 '송지원의 국악산책'

나면 기운이 솟아납니다. 당장 힘들어 죽을 것 같아도 먹으면 삽니다. 인생은 버티기의 연속이죠. 춘향도 며칠 앓다가 밥 먹고 힘내겠지요.

이렇듯 명창 박봉술제 〈춘향가〉의 이별가 구성은 크게 '이별 수용하는 월매-이별 소식에 분노 폭발하는 춘향-과거급제해서 다시 오겠다며 약속하며 달래는 몽룡-이별주를 앞에 두고 다시 이별을 부정하는 춘향과 몽룡-말을 타고 떠나려는 이몽룡을 붙잡는 춘향-떠나는 임의 뒷모습을 지켜보는 춘향'으로 이어지는데요. 「이별가」의 주인공은 춘향이란 걸 알 수 있지요?

이별의 가장 큰 피해자도 춘향이고, 떠나보내는 것도 기다리는 것도 춘향의 몫입니다. 작가가 춘향의 관점에서 이별을 그려냈음을 알 수 있어요. 이제 춘향에게 어떤 미래가 다가오고 있을까요?

옥에 갇힌 춘향,
'쑥대머리 귀신 형용!'

춘향이 옥에 갇혔습니다.

신관사또 변학도가 수청을 거절한 춘향을 관아로 끌고 와서, 심하게 매질하고 주리를 틀고, 그것도 모자라 감옥 독방에 가두어 버렸죠. 그것도 목에 칼을 쓰고요.

칼을 목에 어떻게 쓰냐고요? 여기서 칼은 무엇인가를 썰거나 베는 데 쓰는 용도의 칼이 아닙니다. 역사 드라마에서 임금을 배신하고 역모를 꾸미거나 거기에 협력한 사람을 잡아들여, 곤장을 때리고 주리를 틀고, 온갖 고문을 한 다음 옥에 가두잖아요. 대역죄인은 일반 죄수와 달리 독방에 갇히는데, 길다란 나무판자 가운데 구멍을 뚫어, 사람 목에 걸치게 해서 자물쇠를 잠그죠.

생각해 보면 지독한 형벌입니다. 고립으로 인한 외로움, 그보다 더 힘든 건 목과 어깨 사이에 끼어있는 그 칼(나무 판때기) 때문에 누울 수도 기댈 수도 없으니, 잠조차 편히 잘 수 없는 형편이니까요. 옥에 갇힌 춘향의 심정을 담은 노래「옥중가」중「쑥대머리」대목을 살펴보겠습니다.

쑥대머리 귀신 형용 적막 옥방의 찬자리여
생각난 것이 임뿐이라.
보고지고 보고지고 한양낭군 보고지고
오리정 정별후로 일장수서를 내가 못 봤으니
부모 봉양 글공부에 겨를이 없어서 이러는가
여이신혼 금슬우지 나를 잊고 이러는가
계궁항아 추월같이 번 듯이 솟아서 비취고저.
막왕막래 막혔으니 앵무서를 내가 어이보며
전전반측 잠 못 이르니 호접몽을 어이 꿀 수 있나.
손가락에 피를 내어 사정으로 편지하고
간장의 썩은 눈물로 임의 화상을 그려볼까
이화일지춘대우에 내 눈물을 뿌렸으면
야우문령 단장성에 임도 나를 생각할까.

노래 첫 소절이 "쑥대머리 귀신형용"입니다. 어디서 많이 들어봤지만, 이게 무슨 뜻인지 정확히 알지 못한다고요? 그럴 수 있습니다. 쑥대머리부터 알아봅시다.

쑥대머리는 합성어입니다. '쑥+대머리'가 맞을까요? 아니면, '쑥대+머리'일까요? 정답은 후자입니다. 이젠 쑥대를 모르겠다고요?

조금만 생각하면 알 수 있는데, 쑥대는 나물 '쑥'을 의미합니다. 봄에 캐서 쑥버무리나 쑥개떡 해 먹는 연한 초록빛의 작은 쑥 말고요. 봄을 무사히 지난 쑥이 여름을 거쳐, 가을이 되면 쑥쑥~ 자라 꽃을 피웁니다. 양지바른 곳에서 자라면 키가 150cm가 훌쩍 넘을 정도로 크죠. 아기에게 "잘 먹고 쑥쑥 커라"라는 말 많이 하는데, '쑥쑥'이 바로 쑥이 빠르게 잘 자라는 모양을 뜻합니다. 참고로, 이건 제가 생각해 본 뇌피셜입니다.

정리하면, 합성어 '쑥대+머리'의 '쑥대머리'를 직역하면 '쑥대 같은 머리 모양'이라고 할 수 있어요.

'쑥대밭'이라는 말 들어보셨죠? 모든 질서가 무너지고 파괴되어 엉망진창이 된 상태를 비유적으로 이르는 말인데요. 밭을 경작하지 않고 몇 년 묵혀두면 번식력이 강한 여러해살이풀이 밭을 장악해버리는데, 쑥이 그렇답니다. 뽑고 뽑아도 자라나서 온 밭을 가득 채운 상태의 난장판 같은 쑥대밭. 옆 그림을 보면 이해가 될 겁니다.

쑥쑥 쑥대가 잘 자랐네요. 모양을 볼까요? 닭발처럼 퍼진 잎

'쑥대밭'

춘향이 옥에 갇혀 칼 찬 모습

모양이 수없는 곁가지에 붙어서 복잡한 모양새를 하고 있습니다. 그림의 춘향 머리 모양을 보면, 칼을 차고 있어서 머리를 빗어 올릴 수 없으니 산발하고 있네요.

'쑥대머리' 첫 소절 "쑥대머리 귀신 형용 적막 옥방의 찬 자리여 생각난 것이 임뿐이라. 보고지고 보고지고 한양낭군 보고지고"를 풀이하면, 춘향이 쑥대처럼 헝클어진 머리를 늘어뜨린 채 칼을 차고 앉아있는 모습이 꼭 귀신 같은데, 차갑고 캄캄한 감옥에서 생각나는 것이 오로지 한양에 있는 이도령이라는 말입니다.

「쑥대머리」 대목 가사를 조금만 더 들여다볼까요?

"오리정 정별후로 일장수서를 내가 못 봤으니, 부모 봉양 글 공부에 겨를이 없어서 이러는가." 오리정에서 작별한 후에 '일

　　　　　　　　　　1장. 이리 오너라, 업고 놀자! 판소리 〈춘향가〉

장수서' 즉 편지 한 장 오지 않았군요. 그래서 곰곰이 생각해봅니다. 부모님 섬기고, 과거시험 공부에 여념이 없어 편지를 못 쓰나? 그리움에서 원망으로 바뀝니다.

"이화일지춘대우에 내 눈물을 뿌렸으면, 야우문령 단장성에 임도 나를 생각할까." 이 대목은 당나라 백거이가 현종과 양귀비의 사랑을 서사시로 표현한 〈장한가〉의 일부 내용을 가져온 것인데요. 이화일지춘대우梨花一枝春帶雨는 슬픔에 빠진 양귀비가 눈물을 흘리고 있는 모양을 묘사한 것이고, 야우문령단장성夜雨聞鈴斷腸聲은 밤비에 방울소리가 단장을 에는 듯하다는 뜻으로 애끓는 심정을 시구로 표현한 것입니다.

당나라 장편 서사시의 한 대목을 가져온 것은 춘향의 학식을 자랑하는 것도 있고, 이별하면서 반드시 기별한다더니, 자기는 옥에 갇혀 곧 죽게 생겼는데, 편지 한 장 안 하는 이도령에 대한 원망과 그리움이 뒤섞여 있습니다.

춘향이 본관사또 수청을 거절한 것이 대역죄인가요? 물론 조선시대에 여자 죄수에게도 칼을 씌웠다는 기록이 있지만, 역모에 가담했거나 관련한 사람에게만 가했던 형벌입니다. 사또의 수청을 거역하는 것이 역모로 잡아넣을 죄인가요?

타임머신을 타고 조선시대로 가서 따져 봅시다.

춘향 엄마 월매의 신분이 기생이었기에 춘향 신분에 대한 다툼이 있을 수 있죠. 춘향은 서녀였습니다. 당시 기생은 노비,

광대와 함께 천민에 속하는데, 춘향이 생부가 양반이므로 춘향은 천민이 아닌 양반의 서녀 신분이라 볼 수 있어요. 쉽게 생각하면 '아버지를 아버지라 부르지 못하는' 여자 홍길동이라고 할 수 있죠. 여기서 다툼이 생기죠.

당장 수청을 들라는 신관사또에게, 춘향은 굴하지 않고 조목조목 따집니다. 나는 기생이 아니다. 성참판의 서녀이고, 또 양반인 이몽룡과 백년가약으로 혼인한 몸이니, 수청을 들라는 건 조선의 유교적 질서와 법도에 맞지 않다고 따집니다.

신관사또는 자기 편할 대로 법을 해석하고, 무조건 우깁니다. "네 어미가 기생이면, 너도 천한 기생이다. 감히 고을의 수령인 내 명을 따르지 않는 것은 국법을 어기는 것이니, 죽여도 문제없다." 이런 식으로 춘향에게 회유와 겁박을 하는 거죠. 법을 뻔히 알면서 우기는 이 사람, 참 치졸하고 비겁합니다. 법보다 앞서는 것이 있을까요? 돈? 권력? 주먹? 어떤 세력? 아이쿠, 큰일 날 소리!

이제 명창들이 부르는 「쑥대머리」 감상해 볼까요?

일제강점기에 활약한 명창 임방울의 전통 판소리 「쑥대머리」와 TV를 통해 잘 알려진 명창 박애리가 부른 국악가요 「쑥대머리」를 비교 감상하면 좋습니다.

임방울은 잘생긴 외모만큼이나 소리를 아주 잘해서 큰 인기를 얻은 소리꾼입니다. 그는 더늠(장기)인 「쑥대머리」 대목을 유성기 음반으로 취입하여 국내는 물론 만주와 일본까지 알려져 총120만 장 이상 판매되었답니다. 오늘날 인기 있는 K-pop 아이돌 가수 부럽지 않은 음반 판매량이죠.

　다음으로 추천할 것은 박애리가 부른 「쑥대머리」입니다. 전통 판소리를 현대 음악으로 재해석하여 오지창이 작곡한 국악 가요입니다. 판소리 명창 박애리와 대중예술가인 남편 팝핀 현준과의 콜라보 무대 「쑥대머리」는 부창부수의 합이 잘 맞는 공연입니다.

임방울 명창의 '쑥대머리'

박애리와 팝핀 현준의 '쑥대머리'

국가무형유산 판소리 <춘향가> 보유자 신영희 명창과 고법 보유자 김청만 명인

(자료제공: 국가유산청 무형유산기록관)

금준미주는 천인혈이요,
'암행어사 출도야!'

새날이 밝았습니다. 드디어 D-day!

오늘은 역사를 새로 쓰는 날입니다. 암행어사가 된 이몽룡이 어제 남원에 도착했거든요. 간밤에 춘향은 좋은 꿈을 꾸었을까요? 그토록 그리던 임을 감옥에서나마 만났으니까요.

어젯밤 초라한 옷차림으로 춘향 모녀와 상봉한 이몽룡은 자신이 암행어사라는 사실을 철저히 숨겼습니다. 업무 성격상 잠행을 해야 하기에 어쩔 수 없었죠. 집안이 쫄딱 망해서 거지 꼴로 나타나게 되어 미안하다는 이몽룡의 능청스러운 거짓말에도 춘향은 원망하지 않고, 죽기 전에 마지막으로 임을 만난 것만으로도 만족한다면서 신관사또 생일에 자신이 죽임을 당하면 장례를 치러달라 부탁했죠. 이몽룡이 출세하여 암행어사가 되었는데 무슨 걱정이란 말인가요.

암행어사는 보통 과거에 급제한 젊은 인재 중에서 선발합니다. 2년에 한 번씩 암행어사를 파견할 지역을 선정하여 비밀리에 파견합니다. 암행어사가 수령의 행적을 살펴 비위 사실이 밝혀지면 출도하여 신분을 밝히고, 수령의 직무를 정지시키고 죄를 밝혀 백성의 억울함을 풀어주었답니다. 자! 이제 춘향의 한을 풀고, 남원고을 백성의 억울함을 해결해 줄 암행어사 출도가 곧 시작됩니다.

신관사또의 생일잔치가 벌어졌습니다. 고을에 내로라하는 유지들이 선물을 들고 왔겠지요. 암행어사 이몽룡은 이 잔치에 초대받지 못한 손님입니다. 거지 행색을 하고 앉아 좌중을 시끄럽게 하는 무례한 불청객 이몽룡을 쫓아내기 위해 운자를 떼어 시를 짓자고 제안합니다.

조선시대 양반이 잔치나 여가 시간에 한 시를 짓는 일은 아주 흔한 일이고, 일종의 풍류였죠. 겉으로 드러난 행색만 보고 이몽룡을 우습게 여긴 신관사또는 시를 못 지으면 곤장을 쳐서 망신을 주고 쫓아낼 계략으로 '기름 고膏 높을 고高'로 운을 띄웁니다.

이몽룡은 운자를 받자마자 일필휘지로 단숨에 글을 써서 운봉현감에게 건네주고 자리를 떠납니다. 그 글을 펼쳐본 운봉현감의 얼굴빛이 노랗게 변하더니, 글에 벼락이 들었다고 말합니다. 그는 갑자기 집에 급한 볼일이 있다며 서둘러 자리를 뜨려합니다. 이몽룡이 도대체 뭐라고 썼기에 그토록 두려움에 사로잡힌 걸까요?

시창

금준미주金樽美酒는 천인혈千人血이요

옥반가효玉盤佳肴는 만성고萬姓膏라

촉루락시燭淚落時에 민루낙民淚落이요

가성고처歌聲高處에 원성고怨聲高라

시창詩唱은 오언이나 칠언으로 된 한시를 곡조에 얹어 길게 늘여서 부르는 노래입니다. 이제 어사또 이몽룡이 일필휘지로 써 내려간 글을 읽어볼까요? 과거급제자 출신이니 작문실력도 훌륭하겠지요? 내용을 풀어보겠습니다.

"금준미주는 천인혈이요. 옥반가효는 만성고라" 금잔에 담긴 향기로운 술은 천 사람의 피요. 옥쟁반에 담긴 맛있는 안주는 만백성의 기름이라. "촉루락시에 민루낙이요, 가성고처에 원성고라" 촛농이 떨어질 때 백성의 눈물 떨어지고, 노랫소리 높은 곳에 백성의 신음소리 높더라.

잔칫상에 차려진 산해진미는 백성의 피눈물을 짜낸 것이고, 너희 권력자들이 향기로운 술을 나누어 마시며 즐기고 있는 바로 그 시각, 백성의 원망과 고통이 더욱 커지고 있음을 지적하는 내용입니다.

운봉현감 표현대로 글에 벼락이 들어있지요?

사법 정의를 바로 세우는 현명한 재판관의 판결문과 같다고 해야 할까요? 매일 술타령에 민생은 뒷전이고, 지위와 권력을 앞세워 백성을 핍박하는 탐관오리의 만행을 고발하는 내용이죠. 더 기다릴 것이 있나요? 심판하러 갑시다!

암행어사 출도야!

어사또 거동봐라. "어, 이리 허다가는 이 사람들 굿도 못 보이고 다 놓치겠다." 마루 앞에 썩 나서서 부채 피고 손을 치니, 그 때의 조종들이 구경꾼에 섞여 섰다 어사또 거동보고 벌떼같이 달라든다. 육모방맹이 들어메고 해갆은 마패를 달같이 들어메고 달 같은 마패를 해 같이 들어메고 사면에서 우루루루루루루 삼문을 와닥 딱 "암행어사 출또여, 출또여 암행어사 출또하옵신다." 두세 번 부르난 소리 하날이 덤쑥 무너지고 땅이 툭 꺼지난 듯, 수백 명 구경꾼이 독담을 무너지닷이 물결같이 흩어지니 항 우으 음아질타 이렇게 무섭든가. 쟁비으 호통소리 이렇게 놀랍든가. 유월의 서리 바람 뉘 아니 떨겄느냐.

1장. 이리 오너라, 업고 놀자! 판소리 〈춘향가〉

 김준수의 '어사출두'

 두번째달 × 김준수의 '어사출두'

드디어 암행어사 출도했네요.

"암행어사 출또하옵신다"는 이 말 한마디가 얼마나 큰 위력이 있는지, 그 뒤에 묘사한 "항 우으 음아질타 이렇게 무섭든가. 쟁비으 호통소리 이렇게 놀랍든가. 유월의 서리 바람 뉘 아니 떨었느냐"라는 내용을 보면 알 수 있습니다.

중국의 장수 항우와 장비를 등장시켜 맹렬한 전투를 이끄는 장수의 용맹함을 보여주고, 오뉴월에 내리는 서리에 놀란 가슴 쓸어내리듯 충격적인 상황을 묘사합니다.

이 상황에서 제일 충격을 받은 사람은 누구일까요?

돌담이 무너져 쏟아지는 물결처럼 흩어진 수백 명 구경꾼은 잠시 잠깐의 충격이 있었을 뿐, 암행어사 등장에 기대감을 감추지 않고 다시 모여들겠지요. 오히려 혼비백산하여 꽁무니를 뺄 사람은, 바로 상다리 휘어지도록 산해진미를 즐기던 신관 사또를 비롯한 각 고을의 수령 아닐까요? 비리를 저지른 사람들, 백성을 괴롭히며 폭정을 일삼는 사람들, 나랏일을 내팽개치고 허구한 날 술상 차려놓고 술잔 돌리며 자기들끼리 똘똘 뭉쳐서 잘 해보자던 원님들 말입니다.

이제 암행어사는 판관이 되어 죄를 지은 사람은 즉결심판으로 벌을 내리고, 춘향처럼 억울한 사연이 있는 백성의 한을 풀어주고 세상을 바로잡는 일만 남았습니다.

이렇듯 속 시원한 결말 장면은 자진모리장단으로 진행합니다. 「어사출또」 대목에 왜 자진모리장단을 붙였을까요? 사설 내용에 맞는 장단을 선택하고 그 틀을 만드는 것은 판소리에서는 무엇보다도 중요합니다. 상황과 장면을 효과적으로 표현하여 청중에게 전달하기 위해서는 사설에 적합한 장단을 써야 하거든요.

「어사출또」 대목 공연 영상을 보면 금방 이해할 겁니다. 먼저 소리꾼의 말과 소리를 주시합니다. 소리꾼이 부르는 노래 가사가 몹시 빠르게 전개됩니다. 내용에서 긴장감이 느껴지고, 부채를 든 소리꾼의 발림(몸짓)도 일체감 있게 전개되지요.

그 다음엔 소리를 받쳐주는 고수를 주시하세요. 고수 북장단이 춤을 추듯, 바람소리 가르듯 정신없이 몰아칩니다. 그냥 혼자 바쁘게 달리는 것이 아니라, 소리꾼 호흡에 맞추어 끌어주고, 밀어주고, 화합하며 나아가는 것이 장관입니다. 소리꾼 입만 바라보지 마시고, 소리꾼과 고수가 함께 만들어내는 긴장과 이완에 주목하면 완전히 그 상황에 빠져들 수 있습니다.

그렇게 몰입해서 보면 자신도 모르게 "얼씨구", "좋다"라는 추임새를 하게 될 것입니다.

도대체 어떤 장단 꼴인지 궁금하지요?

자진모리장단

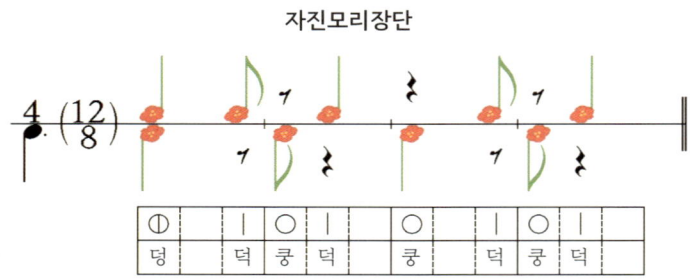

한 마디 안에 팔분음표 3개가 들어 있고, 총 4박으로 구성되어 있어 '3소박 4박'이라고 하는데요. 보통은 극적 상황이 전개될 때 이 장단을 입혀서 빠르게 몰아가면서 긴장감을 높이는 효과를 낸답니다.

이제 결말 부분입니다.

판소리 〈춘향가〉를 문헌으로 최초로 기록한 18세기 중엽의 인물 유진한의 『만화본춘향가晩華本春香歌』의 「어사출또」대목 결말은 모든 사건을 정리하고 춘향과 이몽룡이 재회하여 함께 말을 타고 서울로 떠나는 장면으로 마무리 됩니다. 오늘날 판소리 〈춘향가〉의 결말도 대부분 이 내용과 비슷하죠.

우리 한국 사람들이 좋아하는 결말, 해피엔딩이죠. '일부종사'하겠다던 그 약속을 지키기 위해 모진 고초를 이겨낸 춘향, 이몽룡도 고군분투하여 목표를 성취한 결과 춘향을 구하고 한 고을에 평화를 가져오게 하죠.

　어쩌면 판소리 〈춘향가〉는 신분을 뛰어넘는 세기의 사랑, 권선징악의 관념을 넘어서 인간관계에서 맺어진 '약속'과 '실천 의지' 그리고 '책임감'을 이야기하고 싶은 것 아니었을까요.

2장

아이고, 형님!

판소리 〈흥보가〉

정순임 명창, 국가무형유산 판소리 〈흥보가〉 보유자. (본인 제공)

판소리 〈흥보가〉는 마음씨 착한 동생 흥보와 욕심 많은 형 놀보 이야기를 통해, 착하게 살면 복을 받고 악하게 살면 벌을 받는다는 권선징악 메시지의 대표작이에요.

나가란 말을 듣더니마는,
"아이고, 형님! 동생을 나가라고 허니,
어느 곳으로 가오리까? 갈 곳이나 일러주오.
이 엄동 설한풍에 어느 곳으로 가면 살 듯허오?
지리산으로 가오리까?
백이숙제 주려죽던 수양산으로 가오리까?"
"이놈! 내가 너를 갈 곳까지 일러 주랴? 잔소리 말고 나가거라."

[21년 전 희귀본] 육각수의 '흥보가 기가막혀'

어디서 많이 들어본 것 같지요? 기억이 날 듯 말 듯하다고요? 맞습니다! 한때 큰 인기를 끌었던 육각수의 〈흥보가 기가막혀〉입니다. 바로 그 가사가 판소리 〈흥보가〉 사설에서 온 것이지요. 여기 소개한 사설은 명창 박송희 선생 창본에 「놀보가 흥보 쫓아내는 대목」의 도입부에 삽입된 부분이죠.

2장. 아이고, 형님! 판소리 〈흥보가〉

이야기의 주인공은 형 놀보와 동생 흥보. 놀보는 조선의 대표적인 '밉상 캐릭터'로, 욕심 많고 인정머리 없는 인물입니다. 반면 흥보는 착하고 순박하지만 무능하고 가난한 인물로 그려지죠. 부모님이 돌아가신 후, 놀보가 유산을 혼자 차지하려고 흥보네 가족을 쫓아냅니다. 그것도 엄동설한에.

이후 흥보네 가족은 고생길이 펼쳐집니다. 가진 것 하나 없으니, 흥보는 가족을 먹여 살리기 위해 날품팔이, 매품도 마다하지 않습니다. 하루는 굶고 있는 자식들 보기가 안타까워, 놀보에게 양식을 얻으러 갔다가 형수에게 밥주걱으로 뺨을 얻어맞는 수모를 당했지요. 그러던 어느 날, 흥보가 다친 제비를 발견하고 부러진 다리를 정성껏 치료해 줍니다. 이듬해 봄, 강남 갔다가 돌아온 제비가 박씨 한 알을 물고 찾아오죠. 흥보는 그 박씨를 심고 가꿉니다.

그런데 웬일일까요? 박이 주렁주렁 열리고, 박을 탔더니 그 속에서 쌀과 돈, 비단 등이 쏟아져 나오는 거예요!

하루아침에 벼락부자가 된 흥보!

이 소식을 들은 놀보가 가만히 있을 리 없죠. 그는 제비를 잡아 다리를 부러뜨린 후 치료해 줍니다. 이듬해 제비가 박씨를 물고 왔고, 박이 열리자 잔뜩 기대하며 박을 탔지요. 그런데 이번엔 금은보화가 아니라 상전, 놀이패, 장수 등이 튀어나와 놀보네 집을 엉망으로 만들고 혼쭐을 냅니다. 이 일을 계기로 놀보는 지난날의 잘못을 뉘우치고 남은 생을 바르게 살았다는군요.

어, 그런데 왜 '흥부·놀부'가 아니라, '흥보·놀보'냐고요? 그 이유는 말과 글의 성격 차이에서 비롯한 건데요. 순우리말 접미사 '보'는 '먹보', '울보'처럼 "~을 잘하는 사람", "~을 좋아하는 사람"을 뜻하죠. 그래서 말로 전해지는 판소리에서는 순우리말 '보'를 써서 '흥보가'라고 불렀고, 글로 기록한 소설에서는 '부'를 써서 '흥부전'이라 부른 경우가 많았어요. 결국 소리 중심인 판소리에서는 자연스럽게 〈흥보가〉라는 명칭이 정착되었고, 국가무형유산으로 지정될 때 판소리 〈흥보가〉로 공식적으로 채택되면서 이후 널리 쓰이게 되었답니다.

판소리 〈흥보가〉는 해학과 재담, 풍자가 가득해, 감상하는 내내 웃음을 자아내는데요. 특히 놀보가 박타는 장면은 오늘날로 치자면 개그쇼를 연상케 할 만큼 익살스럽고 유쾌합니다. 다만 일부 대목 사설이 다소 거칠고 속된 표현이 포함되어 있어, 여성 명창들이 부르기를 꺼렸다고 합니다. 일제강점기 이후 이러한 대목을 생략하거나 짧게 줄여 불렀다고 합니다.

이제 〈흥보가〉 가운데에서도 특히 흥미롭고 대중의 사랑을 받는 '눈대목' 몇 장면을 함께 감상해 볼까요?

박복한 놈의 신세,
'가난타령'

판소리 〈흥보가〉는 다섯 마당 중 서민의 곤궁한 삶의 모습을
잘 담아내고 있습니다. 그래서일까요? 〈흥보가〉는 타령으로
시작해서 타령으로 끝납니다. 〈춘향가〉를 비롯한 다른 마당에
비해 「가난타령」, 「돈타령」, 「밥타령」「비단타령」, 「화초장타
령」 등 온통 타령이죠.

'타령' 하면 가장 먼저 떠오르는 말이나 장면이 있나요?

엄마라구요? "반찬타령 좀 그만해. 맛없으면 네가 직접 해
먹든가!", "장롱에 옷이 가득한데, 허구한 날 옷타령이야?",
"용돈 준 게 언젠데, 또 용돈타령이야?", "할 일이 태산인데, 한
가하게 사랑타령 할 시간이 있니?" 이런 장면에 낯설지 않은
사람은 분명 평소에 엄마의 사랑을 많이 받았을 겁니다. 어쩌

면 그 엄마는 식구들이 늘어놓는 반찬타령, 옷타령, 용돈타령, 사랑타령에 "아이구, 내 신세야!"라며 한바탕 '신세타령'을 늘어놓았을지도 모르겠네요.

언뜻 부정적 언어로 느껴지는 '타령'이란 말이 한편으론 친근함을 주기도 합니다. 우리 일상이잖아요. 미쳐 날뛰듯 광적인 요란함이 아닌, 상호 이해를 바탕으로 한 정서적 교감의 장이라고 할까요. 타령이 뭐길래, 우리는 온갖 타령을 하면서 살아가는 걸까요? 국어사전을 찾아보았습니다.

타령: 어떤 사물에 대한 생각을 말이나 소리로 나타내 자꾸 되풀이하는 일. 변함없이 똑같은 상태에 있음을 나타내는 말.

타령의 사전적 의미를 보니, 썩 긍정적인 의미는 아니군요. '자꾸 되풀이하는 일', '변함없이 똑같은 상태'가 타령의 본질이라면, 이를 염두에 두고 흥보 부인이 부르는 「가난타령」을 들으러 가 봅시다.

「가난타령」은 흥보 가족이 한겨울에 거리로 쫓겨나, 갈 곳도 없고 끼니조차 해결하지 못하는 절박한 상황이 계속되자, 흥보 아내가 자신의 처지를 한탄하며 부르는 자탄가(자기 설움을 표현한 노래)입니다. 송만갑과 이화중선, 박록주, 박초월, 임방울 등 뛰어난 명창들이 남긴 여러 「가난타령」이 있으나, 여

　　　　　　　　2장. 아이고, 형님! 판소리 〈흥보가〉

기서는 1941년에 명창 이화중선 오케판 유성기음반에 녹음한 〈창극 흥보전〉의 「가난타령」을 살펴보겠습니다.

진양조장단

가난이야 가난이로구나

잘살고 못 살기는 묘 쓰기여 매였는거나

삼신제왕님이 짚자리여 떨어질 적의

명과 수복을 점지허나 어이허면 잘 사드란 말이냐

박복한 놈의 신세로구나.

'잘 되면 내 탓, 안되면 조상 탓'이라 했던가요?

흥보 부인은 가난의 배경으로 "잘 살고 못 살기는 묘(조상님 묘) 쓰기여 매였는거나"라며 음택을 거론하네요. 음택풍수陰宅 風水는 죽은 사람 묘지와 관련한 풍수를 말합니다. 잘 살려면 산 사람의 집터도 좋아야 하지만, 조상님도 길지 즉 명당에 잘 모셔야 자손이 복을 받는다는 풍수지리의 원리인데요. 흥보 부인은 조상님과 인간의 명복을 관장하는 삼신제왕三神帝王까지 들먹이며 '박복한 놈의 신세'를 한탄합니다. 불행과 고통을 덜어줄 그 무엇이 절실한 처절한 외침이죠.

가난하면 불행한가요? 단지 불편할 뿐인가요? 불행과 불편 모두 자신의 몫인데요. 흥보네가 살고 있는 세상인심은 가난에 호의적이지 않은 듯합니다.

명심보감에 이런 이야기가 있어요. "빈거요시무상식貧居鬧市無相識이요, 부주심산유원친富住深山有遠親이라." 가난한 사람은 도시 중심에 살아도 찾는 사람이 없고, 부유하면 깊은 산골에 살아도 멀리서 찾아오는 친구가 있다는 뜻이죠. 경제적 풍요와 빈곤이 인간관계에 큰 영향을 미친다는 말입니다.

가난하면 가깝던 친구도 멀어지고, 스스로 위축되어 사람을 피하니, 새 친구를 사귀기도 어렵겠지요. 어쩌면 경제적 빈곤과 결핍보다는 정서적 공감의 단절에서 오는 잔혹한 외로움이 흥보 부인의 슬픔을 키웠는지도 모르겠습니다.

「가난타령」의 장단은 소리꾼에 따라 중모리장단이나 진양조장단으로 부릅니다. 슬픔을 극대화하고자 할 때는 느린 진양으로 부르고, 지나치게 무거운 분위기를 탈피하고자 할 때는 조금 빠른 중모리장단을 선택하죠.

명창 대부분이 〈흥보가〉에서 「가난타령」을 한 번만 부르는 데 비해, 박초월과 박록주는 두 번이나 반복해서 불렀습니다. 박초월은 「가난타령」을 두 번 모두 느린 진양조장단으로 구성해 가난한 삶의 설움을 극대화했지요.

이때는 어느 땐고 팔월가절이 돌아왔는데

다른 동네 사람들은 올벼잡아서 햅쌀밥을 짓고

동산에 가 알밤을 주워 풋콩을 까고

송편을 빚어 어린 것들을 곱게곱게 입히어 선산 성묘를 가려는데

우리네 팔자는 박복하제 한가위 명절에도 조상 차례를 못 올리니

이런 팔자가 어디가 있느냐.

흥보 내외 붙들고 울고울고 말리고 울음을 우는데

사람의 인륜으로 볼 수가 없네.

인간문화재 박초월 명창의 '가난타령'

민족의 명절 추석에 벌어진 상황이군요. 다른 사람은 이른 벼를 추수해서 윤기가 좌르르 흐르는 햅쌀밥을 지어 먹고, 알밤과 풋콩 소를 넣은 송편을 빚어 먹었네요. 게다가 어린 자녀에게 고운 추석빔을 해 입히고 성묘가는 모습이 펼쳐집니다. 이 멋진 그림에는 흥보네 가족이 없습니다. 흥보 부부는 저 멀리 서서 부러운 듯이 그들의 행복한 모습을 바라볼 뿐이죠. 이 설움을 담아 팔자타령, 가난타령을 할 수 밖에요. 부부가 서로 붙들고 울고불고 하는 모습이 참 짠합니다.

이렇듯 울음바다를 만든 것은 흥보네 가난한 살림살이와 형편을 강하게 드러내려는 의도였겠지요. 박초월은 흥보 부부의

설움을 극대화하기 위해 「가난타령」 두 번 모두 느린 진양조 장단으로 불렀던 것입니다.

한편, 박록주의 계보를 이은 박송희가 부른 두 번째 「가난타령」은 앞서 이화중선이 불렀던 첫 번째 「가난타령」과 유사합니다. 그러니까, 같은 「가난타령」을 두 번 반복한 셈이죠.

가사를 볼까요?

"가난이야. 가난이야. 원수년의 가난이야.
복이라 허는 것은 어찌 허면은 잘타는고?
북두칠성님이 복 마련을 허시는가?
삼신제왕님이 짚자리어 떨어질 적으
명과 수복을 점지허느냐? 몹쓸년의 팔자로다.
이년의 신세는 어이허여 이 지경이 웬일이란 말이냐?"
퍼버리고 앉어서 설리 운다.

문득 고 강수연 배우의 말, "우리가 돈이 없지, 가오가 없냐?"가 떠오릅니다. 그가 남긴 명언처럼 돈 없다고 움츠러들지 말고, 어깨 쭉 펴고 삽시다. 흔들리지 않는 강한 정신만 있다면 어떻게든 살 길을 찾을 수 있을 테니까요. 오늘은 곧 죽을 것처럼 힘들어도, 내일은 또 아무렇지 않은 듯 다시 일어나 힘차게 기지개를 펴는 일. 그것이 바로 김수영 시인이 말한 '풀'의 모습이 아닐까요.

어쩌면 「가난타령」은 자탄가로 끝나는 넋두리가 아니라, 힘들게 버텨낸 시간과 여전히 버거운 현재 상황에 대한 호소, 그런데도 희망의 끈을 놓지 않는 지독한 갈망일지도 모르겠습니다.

「가난타령」은 진양조장단으로 부릅니다. 그럼, 진양조장단은 무엇이고, 소리꾼이 왜 「가난타령」에 진양조장단을 선택했는지 알아봐야겠죠?

진양조장단

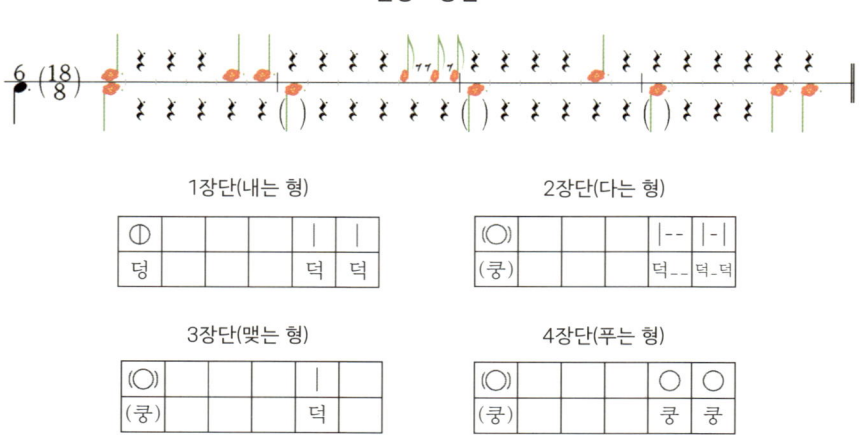

민속음악 장단 중 가장 느린 장단이 바로 진양조입니다. '진'은 전라도 사투리로 '질다'(길다)의 줄임말입니다. 장단의 '한배가 길다'는 것은 '음악의 빠르기가 느리다'는 뜻입니다. 거북이 느린 걸음을 생각하면 막연했던 느림의 속도를 조금은 구체화해 연상할 수 있지요.

이렇게 느린 장단은 사설의 극적 상황이 '웅장하고 힘 있는', '서정적인', '매우 애절하고 슬픈' 장면에 사용합니다. 장단 구조는 위의 그림과 같이 3소박 6박자(6/♩.)의 구조로 되어 있어요. 3소박은 위의 그림 네모 칸 하나를 다시 3개로 나누어 작은 박으로 세는 것이고, 3소박을 한 단위로 하는 네모 칸 하나를 1박이라고 할 때, 한 장단은 한 줄에 네모가 6개 그려 있어서 6박 장단이라고 합니다.

그런데 다른 해석도 있어요. 6박을 한 장단으로 할 때, 6박이 4개 모이면 24박(6×4)이 되는데, 이것이 하나의 완전한 악구라는 주장입니다. 위 그림 보면 6박 한 장단 네 줄이 있지요? 그런데 네모 안에 그려진 장단 모양이 다 다르잖아요.

그러니까, 4개의 장단 기능이 다르다고 보는 거예요. 첫 줄의 1장단은 '내는 형'으로 '소리를 낸다(시작한다)'는 뜻이고, 둘째 줄의 2장단은 '다는 형'으로 '소리를 달고 간다'는 뜻이고, 셋째 줄의 3장단은 '맺는 형'이라 하여 '소리를 끝맺음한다'는 뜻이며, 마지막으로 넷째 줄의 4장단은 '푸는 형'으로 맺었던 소리를 '푼다'는 의미입니다.

이것을 한자로 간단히 정리하면 기경결해起景結解(내고-달고-맺고-풀고) 형식이라고 합니다.* 그러니까, 6박을 네 번 반복해서 하나의 긴 호흡을 만드는 데, 1-4 장단이 각각 그 기능과 역할이 정해져 있다는 이야기입니다.

한시의 기승전결起承轉結에서 나온 것이라고 하니, 이야기를 풀어내는 방식과 노래로 표현하는 방식이 크게 다르지 않지요? 서양 음악에서 사용하는 박자는 2/4박, 3/4박, 4/4박, 6/8박 등 일정하게 정해진 틀이 반복되는 구조인데, 우리나라의 장단은 그 형식과 진행 방식이 다르고 유동적이랍니다.

진양조장단은 중모리장단이나 중중모리장단보다 비교적 늦게 만들어졌다고 하는데, 그 일화가 재미있습니다.

정노식이 지은 『조선창극사』를 보면, 명창 송흥록이 어느 날 여러 해 병마와 싸우고 있는 매부 김성옥을 위로하고자 병문안을 갔는데요. 방문을 열고 들어가면서. 소리꾼답게 중모리장단에 얹어서 '노래하듯' 안부를 물으니, 명창 김성옥이 애써 흥을 일으켜 화답하는데, 송흥록이 처음 듣는 장단이었다는군요.

그것은 김성옥이 오랜 세월 병석에 누워 있으면서 스스로 고안한 장단이라는데요. 바로 진양조장단의 시작이었습니다. 스스로 고안한 장단에 얹어서 자신의 아픔과 힘든 처지를 표현

---

* 김혜정, '진양조'〈국악사전〉 https://www.gugak.go.kr/ency/topic/view/1730

했는데, 그 사설과 진양조장단이 잘 어울렸나 봅니다.

이후 송흥록이 그 장단을 다듬어서 진양조장단으로 완성했다고 합니다. 생각해 보면, 사람이 아주 아파죽겠을 때, 기운 하나 없이 말할 때, 아주 느리고 처량하게 말을 이어 가잖아요. 아픈 중에도 거기에 장단을 얹어서 리듬감을 살렸다니, 병석에서 그 주체할 수 없는 끼를 풀어놓는 김성옥을 생각하니, 절로 미소가 그려집니다. 역시 광대는 다르다는 생각과 함께.

악기 연주를 해본 사람이면 알 텐데요. 빠른 곡보다 느린 곡을 연주하는 것이 더 힘들지요. 긴 호흡을 갖고 가면서 음이 유지되는 시간 동안 흔들림 없이 꽉 채워서 완성해야 하니까요. 소리꾼도 진양조장단으로 소리할 때 더 힘들다고 합니다.

이때 고수 역할이 중요하지요. 그래서 '1고수 2명창'이라는 말이 있는 것입니다. 명창 두 명보다 명고수 한 명이 더 중요하다는 말이죠. 고수의 북장단에 그날 소리꾼의 명운이 달려있다고 봐도 과언이 아닐 만큼, 장단으로 소리도 살리고 죽이기도 하는 것이 고수 역할입니다.

소리꾼들은 「가난타령」을 왜 진양조장단에 맞추어 불렀을까요? 가난으로 서민이 감내해야 했던 고통의 시간을 풀어내자면 진양의 긴 호흡이 필요하겠지요. 특별히 남들보다 힘든 세월을 겪어낸 어르신들이 이런 말씀을 자주 하잖아요. "내가 살아온 얘기를 하자면 책 한 권을 써도 모자라지"라고요. 특히

이난초 명창, 국가무형유산 판소리 〈흥보가〉 보유자. (본인 제공)

일제강점기나 6·25전쟁 같은 혹독하고 끔찍한 폭력의 이미지와 소리가 담긴 이야기의 무게는 중중모리나 자진모리처럼 빠른 장단보다는 차분하면서도 '내고-달고-맺고-푸는' 율동감 있는 진양조장단이 더 어울리겠지요?

아나 돈아! 어디갔다 이제 오느냐, '돈타령'

판소리 〈흥보가〉에서 「돈타령」은 두 번 나옵니다. 첫 번째 「돈타령」은 흥보가 관아에 환자섬을 얻으러 갔다가 호방의 권유로 매품을 팔기로 약속하고, 선금 '닷냥'을 받아 집으로 돌아와 기분 좋게 부르는 대목입니다. 두 번째는 흥보가 첫 번째 박을 타자 박에서 돈과 쌀이 쏟아져 나오는 것을 보고 흥보 부부가 신이 나는 대목에서 부릅니다.

첫 번째 돈타령을 들어볼까요?

흥보는 가족을 살리기 위한 최후의 방책으로 환자섬을 얻으러 관아로 향하는데요. 가난이 지속되자 체면 차리고 이대로 있다가는 온 가족이 굶어 죽을 수 있다는 위기의식을 느낀 흥보가 현실을 직시하고 행동에 나선 거죠.

그런데, 환자섬이 뭘까요? 환자는 환곡과 같은 말입니다. 조선시대 춘궁기에 굶주린 백성에게 곡식을 빌려주고, 가을에 곡식을 추수한 후에 갚도록 하는 구휼제도를 말하죠. 환자라는 용어는 조선 초기부터 18세기 초반까지 주로 사용했던 용어이고, 영조 이후부터 환곡을 더 많이 사용했답니다.

아하! 흥보는 관아에 쌀을 빌리러 간 거군요.

그런데 어찌 된 일인지 흥보는 환자섬은 빌리지 않고, 대신 매품을 팔기로 계약하고 말았네요. 대략 짐작이 갑니다. 흥보가 관가에 환자섬을 얻으러 다녀오겠다며 의관을 챙기자, 흥보 부인이 땅 한 마지기도 없이 이렇듯 가난한데, 관에서 뭘 믿고 우리에게 환자섬을 주겠냐고 말했거든요. 이를테면 관에서 신용이든 땅문서든 상대방에게 담보물을 요구하게 되는데, 흥보에겐 어떤 담보물도 없었으니까요.

그 형편을 아는 호방이 중간에서 거간꾼 노릇을 한 모양입니다. 어느 부유한 이가 호방에게 태형을 대신할 사람을 소개해 달라고 해둔 모양입니다. 곤장 10대에 30냥을 주고, 노잣돈으로 닷 냥을 준다는 조건을 제시하는군요. 물론 호방은 부자에게 중개수수료를 이미 받았겠죠.

흥보는 돈을 준다는 호방의 제안에 솔깃하여 제안을 덥석 받아들입니다. 매는 다음에 맞을 것이고, 일단 오늘은 선금을 받아 굶주린 가족에게 밥 먹일 것을 생각하니, 그저 기분이 좋아

집으로 달려왔던 것이죠.

돈 닷 냥을 손에 꼭 쥐고 한달음에 집으로 달려온 흥보! 그의 기세는 마치 개선장군 같습니다. 오랜만에 가장 체면이 서는 날이니까요. 흥보 부인이 앞서「가난타령」을 부를 때 자신의 박복함을 설워했지만, 은근히 남편 흥보의 무능함을 지적하기도 했지요.

돈 닷 냥에 의기양양해진 흥보가 집에 와서 큰 소리로 부인을 부릅니다. "여보 마누라, 마누라! 내가 왔소. 아니, 서방이 왔으면 얼른 달려올 일이지……" 하면서 말이죠. 남이 들으면 무슨 복권이라도 당첨된 줄 알겠어요.

돈 닷 냥을 손에 들고 호들갑스럽게 아내를 부르며 흥보가 부르는「돈타령」은 다소 빠른 중중모리장단에 얹었습니다. 다음 사설은 명창 박송희 창본에 있는 내용입니다.

중모리장단

흥보 마누래 나온다.흥보 마누래 나온다.

"어디 돈? 어디 돈? 돈 봅시다, 돈 봐."

"놓아두어라, 이 사람아. 이 돈 근본을 자네 아나?

잘난 사람도 못난 돈, 못난 사람도 잘난 돈,

맹상군의 술래바퀴처럼 둥글둥글 생긴 돈,

생살지권을 가진 돈, 부귀공명이 붙은 돈,

이 놈의 돈아! 아나, 돈아! 어디 갔다 이제 오느냐?

얼씨구나 절씨구. 돈 돈 돈 돈, 돈 돈 돈 돈 봐라."

흥보 부인은 돈이라는 소리에 돈 좀 보자고 다그치고, 흥보는 갑자기 돈의 근본을 늘어놓습니다. 돈의 성격과 기능, 모양, 속성 등등을 붙여 길게 설명합니다. 오랜만에 돈이라는 걸 만져보아서인지 매우 흥분된 상태로 보이죠. 하지만 그가 부르는 노래를 듣다 보면 이내 씁쓸해집니다.

두 번째 「돈타령」은 흥보 박타는 대목에서 한 번 더 부르기도 합니다. 흥보 부부가 신이 나서 박을 타는데 박 속에서 돈이 쏟아져 나오자, 돈 꾸러미를 손에 들고 춤을 추며 행복을 만끽하는 상황에서 한 번 더 부르기도 한답니다. 먼저 판소리 〈흥보가〉 보유자 정순임이 부른 「돈타령」 가사를 보겠습니다.

중중모리장단

얼씨구나 절씨구 얼씨구나 절씨구

돈 봐라 돈 봐라

잘난 사람도 못난 돈

못난 사람도 잘난 돈

맹상군의 수레바퀴처럼

둥글둥글 생긴 돈

생살지권을 가진 돈

부귀공명이 붙은 돈

이놈의 돈아 아나 돈아

어디 갔다 이제 오느냐

얼씨구나 돈 봐라.

돈 돈 돈 돈

돈 돈 돈 본 봐라.

정순임 명창의 첫 번째 '박타는 대목'

박록주바디 〈흥보가〉의 소리 계보를 이은 박송희와 김수연도 〈흥보가〉 첫 번째 박타는 대목에서 「돈타령」을 불렀답니다. 여기서 돈은 결핍이 아닌 채움과 풍요를 의미합니다. 사회적 약자에게 주어진 마지막 무기인 '희망'이라는 말 대신, 세속적 욕망을 채워주는 '돈'을 제공함으로써 가난한 흥보가 해결해야 할 현실적인 문제를 가장 먼저 해소하고자 하는 마음이 담겨 있습니다.

〈춘향가〉에서도 「돈타령」을 들을 수 있는데요. 당장 춘향을 관아로 잡아들이라는 신관사또의 명을 받고 온 포졸들. 이웃

사촌끼리 평소 친분도 있는데, 포승줄에 묶어 데려갈 수도 없고 난감해 하는데, 춘향이 그들에게 고생한다며 돈을 건네죠. 어린 춘향이 벌써 세상사는 법을 터득한 걸까요? 포졸들이 사양하는 듯하다가 슬그머니 돈 꾸러미를 챙기고는 기분 좋게 「돈타령」을 부릅니다. 와우! 돈은 사람을 춤추게 하는군요.

'쥐구멍에도 볕 들 날이 온다'라는 속담이 있죠. 흥보네 집 처마에 제비가 집을 지었는데, 어느 날 새끼 제비가 떨어졌어요. 이를 안타깝게 여긴 착한 흥보가 제비 다리를 고쳐 줍니다.

이듬해 강남 갔던 제비가 보은의 의미로 박씨를 하나 물어다 주었죠. 박씨에서 싹이 나더니 흥보네 초가집 지붕에 하얗게 박꽃이 피고, 주렁주렁 박을 매달아 놓습니다. 흥보는 박을 타서 주린 배를 채우려고 큰 기대 없이 박을 타는데……어떻게 되었을까요? 다음 눈대목에서 이어 갑니다.

고 박송희 명창, 국가무형유산 판소리 〈흥보가〉 보유자.

(자료제공: 국가유산청 무형유산기록관)

스리렁 스리렁 톱질이야,
'흥보 박타는 대목'

「흥보 박타는 대목」은 판소리 〈흥보가〉 중 가장 해학적인 내
용입니다. 흥보는 총 세 개의 박을 탑니다. 여기서는 첫 번째
박 타는 대목을 중심으로 설명할게요. 처음에 쇠망치로 얻어
맞으면 충격으로 죽을 것처럼 아프지만, 두 번 세 번 되면 금방
무디어져서 고통을 덜 느끼는 법이니까요. 자, 흥보가 첫 번째
박을 탑니다. 김수연 명창의 창본에 있는 내용을 들어봅니다.

"시르르르렁 실근,톱질이야,예이여루, 당거주소.
이 박을 어서 타서 박속일랑은 끓여 먹고,
바가지일랑은 부자집에다 팔어다가 목숨보명을 허여보세.
실근 시리렁 당거주소. 여보게, 마누라!"

"예."

"톱소리를 맞어 주소."

"톱소리를 내가 맞자고 헌들 배가 고파서 못 맞겠소."

"배가 그리 고푸거들랑은, 초마끈을 졸라매고 기운차게 당거 주소.
에이여루 당거 주소. 이 박을 타거들랑은
아무것도 나오지를 말고서 밥 한 통만 많이 나오너라.
평생의 밥이 포한이로구나. 에이여루 당거 주소.
시르르릉 시리렁 실근 시리렁 실근 시리렁 실근, 당그여라 톱질이야."

안숙선 명창의 두 번째 '박타는 대목'

박이 얼마나 크게 열렸던지, 흥보 부부가 톱을 들고 박을 탑니다. "밥 한 통만 많이 나오너라" 주문을 외우면서 박을 타는데, 막상 쪼개 놓고 보니, 속이 텅 비어 있습니다. 실망한 흥보가 그만 내다 버리려는데, 흥보 부인이 박 속에 상자 2개를 발견했어요.

하나를 열어보니 쌀이 가득, 또 한 상자를 열고 보니 돈이 가득 들어있군요. 그런데 상자에 들어있는 쌀과 돈이 바가지로 퍼내면 다시 가득차고, 또 퍼내면 또다시 샘솟듯 수북하게 차오르니, 흥보가 좋아서 어쩔 줄 모릅니다. 그 대목이 아주 재밌습니다.

> 흥보가 좋아라고 흥보가 좋아라고.
> 궤 두 짝을 떨어 붓고나면 도로 수북.
> 툭툭 털고 돌아섰다 돌아보니 도로하나 가득.
> 돌아섰다 돌아보니 돈도 도로 하나 가득.
> 쌀도 도로 하나 가득.
> 부어내고 부어내고 부어내고 부어내고 부어내고 부어내고 부어내고 부어내고
> 돌아섰다 돌아보니 돈도 도로 하나 가득. 쌀도 도로 하나 가득.
> 돌아섰다 돌아보니 돈과 쌀이 서로 가득. 아이고 좋아 죽겠네.
> 일년 삼백 육십일을 그저 꾸역꾸역 나오너라.

와우! 수없이 '부어내고, 부어내고, 부어내고, 부어내고, 부어내고, 부어내고, 부어내고, 부어내고' 이렇듯 수없이 돈을 퍼내도 다시 돌아보면 '도로 하나 가득' 차오르는 마법의 상자가 있다니 정말 좋아서 기절할 노릇이네요. 흥보가 눈으로 보고도 믿을 수 없는 현실 앞에서 얼마나 많은 쌀과 돈을 부어냈던지 쌀이 10만 석, 돈이 10만 냥이었다고 합니다.

흥보는 벌써 돈에 취해버렸네요.

"아이고 좋아 죽겠네. 일년 삼백 육십일을 그저 꾸역꾸역 나오너라"하는 그의 태도를 보면, 그동안 흥보는 돈을 못 가졌을 뿐, 돈을 절대로 과소평가하거나, 무시하거나, 초월했던 것이 아니었습니다. 흥보가 돈이라는 방문객을 향해 문을 활짝 열어두었으나, 돈이 다른 곳으로 빙빙 돌면서 찾아오지 않았을 뿐이죠. 오히려 지치는 줄 모르고 '부어내고, 부어내고, 부어내고, 부어내고, 부어내고, 부어내고, 부어내고'를 수없이 반복한 것을 보면, 그토록 절실했던 돈에 맺힌 한을 풀어낸 것으로 보이네요.

여러분이 흥보라면 어땠을까요? 로또 1등 당첨만 돼도 기절할 일인데, 퍼내고 퍼내도 돈이 샘솟듯 가득 차오르면? 당장 회사 그만두고? 뭐할까요? 생각만 해도 벌써 입꼬리가 올라가는군요. 이렇듯 죽어도 좋을 만큼 기분 좋은 흥보는, 앞에서 매품을 파는 조건으로 돈 닷 냥을 선금으로 받아 집으로 달려와 불렀던 「돈타령」을 한 번 더 부릅니다.

앞서 말했듯, 〈흥보가〉의 모든 유파, 모든 소리꾼이 두 번째 「돈타령」을 다 부른 것은 아닙니다. 소리꾼에 따라 선택하는 거죠. 돈에 파묻혀 정신 못 차리고 좋아하는 흥보의 행복한 모습을 강조하기 위해 한 번 더 부른 것이죠. 제 생각엔 객석의 청중을 즐겁게 해주려는 소리꾼의 배려가 아닌가 싶습니다.

당장 주머니엔 만 원짜리 한 장도 없지만(요즘 누가 현금 갖고 다니나요. 카드 한 장이면 되는데요. 하하), 흥보의 「돈타령」을 들으면서 대리만족하는 거죠. 이 대목에서 돈 들어오게 큰 소리로 「돈타령」을 불러 볼까요?

얼씨구나 절씨구야! 돈 봐라. 돈 봐라. 잘난 사람도 못난 돈 못난 사람도 잘난 돈. 이놈의 돈아~~ 아나, 돈아! 어디 갔다 이제 오느냐. 얼씨구나 돈 봐라.

돈이 주머니에 가득 차올랐는지 한 번 보세요. 착하게 산 사람만요.

이렇듯, 첫 번째 박을 타니 돈과 쌀이 가득 나오고, 두 번째 박을 타면 흑공단, 백공단……온갖 비단이 가득 쏟아집니다. 눈이 부시게 아름다운 형형색색 비단이 쌓여있는 것을 보고 이번에는 흥보 부인이 좋아라고 "아이고 여보 영감, 이 박속에서 비단이 나왔으니 무슨 색깔이고, 무엇 무엇인지 내가 한 번 세나 볼까요?"라면서 「비단타령」을 부르죠.

마지막으로, 세 번째 박을 타면 일하는 사람들이 나타나 흥보네 집을 지어줍니다. 흥보에게 마지막 선물로 집을 지어준 것이 의미심장하군요. 수도권 기와집 불패 신화를 예측한 걸까요? 최근 수도권 아파트 가격이 천정부지로 뛰어오른 것처럼 흥보네 기와집도 노른자위 땅에 잘 지어놓으면 언젠가 요즘 시세로 백억대 자산이 될지 모르잖아요.

하지만 박에서 나온 역군들이 흥보네 집을 지어준 데에는 다른 숨은 뜻이 있어 보입니다. 집은 가족에게 휴식처를 제공하지요. 물리적 생활공간뿐 아니라, 온 가족이 함께 울고 웃으며 삶을 함께 나누는 터전입니다. 먼저 박에서 나왔던 쌀과 돈, 금은보화, 온갖 비단 등은 언젠가 소비될 재화입니다. 그러나 집은 쉽게 사라지는 물건이 아니지요. 부동산을 준 것은 흥보 가족에게 그들만의 따스한 보금자리를 마련해 줌으로써, '고생 끝 행복 시작'을 알리는 팡파레를 울렸다고 볼 수 있죠.

흥보가 박을 세 개 타서 얻은 것들을 다시 정리해 볼까요? '별 하나에 사랑과 별 하나에 어머니'처럼 '박 하나에 돈과 쌀, 박 둘에 비단, 박 셋에 집'이 차례로 뚝 딱 나왔네요.

한 번에 정리하니, 어떤 맥락이 드러나지요? 맞습니다. 인간에게 기본적으로 필요한 것들이죠. '먹고, 입고, 자는 집' 바로 필수 3요소입니다. 그동안 흥보네 가족은 그 어느 것 하나도 소유하지 못한 채 그저 목숨만을 연명했으니, 착하게 산 대가로 인간의 기본권을 보장해 주려는 의도가 엿보이지 않나요? 신나게 「돈타령」 부를 만하죠?

흥보가 살던 시대는 피폐해진 조선, 집권 세력은 권력 투쟁으로 당파싸움만 일삼으니 조선의 장래가 암담한 상황이었죠. 관료는 권력에 눈이 멀어 굶주림에 허덕이는 백성은 돌아보지 않으니, 이를 개탄하며 개혁을 부르짖은 다산 정약용이 18년이라는 긴 유배생활을 한 모양입니다.

다산시문집 제11권 『전론田論』에는 하늘이 백성을 돌보라고 군주와 목민관을 부모로 보냈으나, 자녀 된 백성이 더 많이 차지하겠다고 형제의 재산을 강탈하고 짓밟을 때도 부모가 중재하거나 바로잡지 않은 것을 지적합니다.

그 결과 강한 자는 더 차지하고 약한 자는 힘이 쇠하여 쓰러져 죽을 지경이 되었으니, 정약용은 해법으로 산업을 고루 마련해서 다함께 살 수 있도록 농지개혁을 해야 한다고 주장했지요. 다산이 18년간 유배지에 버려지지 않고, 정치 현장에 있었더라면 어땠을까요? 흥보의 가난과 설움을 일찌감치 해소할 수 있었을까요?

날카로운 이성이 번뜩이는 비판적인 분들은 흥보가 단지 착하다는 이유만으로 큰 부자가 된다는 것이 말이 되냐. 얼마나 무능하면 자식들을 다 굶기고, 매품이나 팔러 다니냐. 무슨 일을 해서든 먹고 살 궁리를 해야지. 이렇게 핀잔할 수도 있지요.

그런데 이 이야기가 현실에 없는 이야기라서 사람들이 더 열광하는 것이 아닐까요. 어쩌면 누군가는 "나도 흥보처럼 돈벼락 한 번 맞아봤으면 좋겠다"면서 즐거운 상상을 해보고, 봄에 제비가 날아가면 혹시나 하는 생각에 "나한테는 다리 다친 제비 한 마리 안 걸리나?" 하면서 피식 웃어도 보는, 그래서 즐거운 판소리 〈흥보가〉 아니겠어요?

　아무리 그래도, 자기 주머니에서 돈 나가는 것을 제일 싫어하고, 친구들이랑 같이 밥 먹고 밥값 안 내려고 애꿎은 신발 끈만 수없이 고쳐 매는 그런 인색한 사람이나 자기밖에 모르는 욕심꾸러기가 돈벼락 맞았다더라 하는 얘기보다 낫지 않나요?

　다른 각도에서 놀보의 패가망신을 보면서, 언제든 돈이 방문할 수 있게 문을 활짝 열어두되, 돈의 노예가 되지 말라는 작은 교훈을 얻은 정도로 생각하면 어떨까요? 상상은 돈이 들지 않잖아요. 상상의 나래를 마음껏 펴보고, 행복해지기를 바랍니다.

3장

끔적, 끔적, 눈을 번쩍 떴구나,

판소리 〈심청가〉

김영자 명창, 국가무형유산 판소리 〈심청가〉 보유자. (본인 제공)

판소리 〈심청가〉는 부모에 대한 깊은 효심을 실천하는 심청의 이야기를 담은 작품입니다. 상황이 비현실적인 설정이지만, 극적인 서사와 진한 감정선 속에 효와 희생, 기적, 가족애의 가치를 감동적으로 풀어냅니다.

　심청이 아버지 심학규는 맹인입니다. 어머니 곽씨 부인은 딸을 낳은 지 며칠 만에 세상을 떠나고, 심봉사가 갓난아기를 품에 안고 동네를 다니며 젖동냥을 합니다. 그렇게 심청은 사람들의 도움 속에 자라, 누구보다도 효심 깊고 야무진 처녀가 됩니다.

　어느 날 심봉사가 해가 저물도록 집에 돌아오지 않는 심청이 마중을 나가다가 발을 헛디뎌 개울에 빠지는 사고가 일어납니다. 그를 구해준 사람은 절의 화주승. 이 스님은 심봉사에게 "공양미 삼백 석을 절에 시주하면 눈을 뜰 수 있다"고 말하죠. 앞을 보지 못하는 것이 평생의 한이었던 심봉사는 그 말에 혹해, 무턱대고 공양미를 바치겠다고 약속하고 맙니다.

　이 사실을 알게 된 심청은 아버지를 위해 공양미를 마련하기로 결심합니다. 마침 인당수에 제물로 바칠 사람을 찾는다는 소식을 듣고, 심청은 자신을 제물로 내어주는 조건으로 공양미 삼백 석을 받아 절에 보냅니다. 그리고 약속대로, 심청은 15세의 나이에 인당수에 몸을 던집니다.

　하지만 심청의 효성을 갸륵하게 여긴 옥황상제가 용왕에게 명령하여 심청을 살립니다. 심청은 용궁에서 어머니를 만나고, 인간 세상에 환생하여 황후가 됩니다.

한편, 심청이 떠난 뒤, 심봉사는 뺑덕어미라는 여인과 살림을 합치지만 삶은 더욱 고단해졌습니다. 어느 날 황성 맹인잔치 소식을 듣고 길을 떠나지만, 도중에 뺑덕어멈에게 배신당해 전 재산을 잃고 초라한 몰골이 되지요. 그렇게 고생 끝에 잔치 마지막 날 겨우 도착한 심봉사는 황후가 된 심청과 극적으로 재회합니다. 그리고 바로 그 순간, 심봉사가 눈을 번쩍 뜨고 그토록 보고 싶었던 딸의 얼굴을 마주하는 동시에 세상의 환한 풍경이 눈앞에 펼쳐집니다. 평생 어둠 속에 살던 그가 처음으로 마주한 세상은, 누구에게는 당연했던 일상이었지만, 심봉사에게는 말로 다할 수 없는 기적이었지요.

판소리 〈심청가〉는 '심청 탄생과 성장-인당수 투신-황후 등극-부녀 재회와 기적'의 구조로 구성되며, 소리꾼이 한 무대에서 완창으로 부르면 4시간가량 걸리지요. 눈먼 아버지가 어린 딸을 홀로 키워내는 모진 시간, 딸의 희생, 그리고 부녀가 극적으로 다시 만나 눈을 뜨게 되는 이 모든 과정이 마치 한 편의 판타지처럼 펼쳐지는데요. 그 안에는 부모와 자식 사이의 깊은 사랑, 인간적 감정의 진폭이 진하게 담겨 있어, 관객의 마음을 뭉클하게 합니다.

특히 「심청이 인당수에 몸을 던지는 대목」과 「심봉사가 눈을 뜨는 대목」은 작품의 절정이라 할 수 있습니다. 심청이 바다로 향할 때의 결연한 표정, 인당수에 몸을 던지는 순간의 비장함, 소리꾼이 전달하는 애절한 목소리는 관객을 숨죽이게 하지요. 반대로, 심봉사가 황후가 된 딸과 마침내 재회하고 두 눈을 뜨는 장면에서는 기쁨의 탄성이 터져 나옵니다.

이처럼 〈심청가〉는 동양적 효 사상을 바탕으로 슬픔과 환희가 교차하는 감동의 대서사시를 만들어냅니다.

그럼, 지금부터 이 작품의 흥미로운 눈대목을 한 대목씩 톺아보며 감상해 볼까요?

만경창파 갈매기 격으로 떴다, 물에 가!
'인당수행'

아무 일도 일어날 것 같지 않은 그저 그런 일상이 반복되던 어느 날, 청이 부녀에게 결정적 영향을 주는 사건이 발생합니다. 공양미 삼백 석에 팔려가야 하는 신세가 된 겁니다. 눈먼 아버지의 욕심이 비극적인 사건을 만들어냈군요.

남경 선인을 따라 인당수로 떠나기 전. 청이는 아버지 걱정에 뜬눈으로 밤을 지새웁니다. 솔직히, 저 같으면 "아, 내일이면 죽는구나. 지금이라도 돌이켜야 하나?" 이런저런 생각을 하면서 현실을 부정하고 싶었을 텐데 말이죠.

그러나 청이는 달랐습니다. 새벽닭이 울자마자 부엌에 나가, 마지막으로 따뜻한 밥을 지어 아버지께 올립니다. 입안에 감도는 하얀 쌀밥의 향기, 입맛 돋는 산해진미로 가득한 밥상을 마주한 심봉사. 곽씨 부인이 죽은 후 근근이 입에 풀칠하며 살아왔는데, 갑자기 진수성찬을 떡 받고 보니 얼굴에 놀란 기색이 역력합니다.

청이는 오늘이 마침 승상 댁 양녀로 떠나는 날이라며, 승상 부인의 배려로 특별한 상을 차렸다면서 하얀 거짓말로 아버지를 안심시킵니다. 마지막으로, 자신이 떠난 후 아버지가 받을 충격을 생각하여 동네 사람들에게 신신당부하는데, 뱃사람은 청이에게 어서 가자고 재촉합니다.

떨어지지 않는 무거운 발걸음을 옮겨 인당수로 향하는 청. 죽음을 향해 가는 여정. 청이를 실은 배가 망망대해를 지날 때, 눈부시게 아름다워 더욱 슬퍼지는 해안의 절경을 노래하는 「범피중류」 대목이 시작됩니다.

「범피중류」는 송광록 명창이 제주도에 들어가 5년 동안 소리공부를 하고 돌아오는 배 안에서 망망대해 멋진 풍광을 보고 감격하여 지었다고 합니다.

내용이 모두 한시로 되어 있어 옮기기도, 설명도 어렵지만, 그래도 첫 소절만 살펴볼까요?

"범피중류 둥덩실 떠나간다. 망망헌 창해이며, 탕탕헌 물결이라. 백빈주 갈매기는 홍요안으로 날아들고, 상강의 기러기는 한수로 돌아든다"로 시작하는 「범피중류」는 민속장단 중 가장 느린 속도로 전개되는 진양조장단에 얹었습니다.

3장. 끔적, 끔적, 눈을 번쩍 떴구나, 판소리 〈심청가〉

하얀 포말을 일으키며 유유히 나아가는 배 위에서 하염없이 흐르는 눈물을 닦으며 마지막 세상의 풍경을 눈에 담고 있습니다. 진양조로 펼쳐지는 「범피중류」가 끝나갈 무렵, 어느새 청이를 태운 배가 인당수에 당도합니다. 전설의 인당수는 백령도 바다를 말합니다.

다음은 성창순 명창이 엇모리장단으로 부른 「인당수 당도하는 대목」입니다.

엇모리장단

한곳을 당도하니, 이는 곧 인당수印塘水라.

대천바다 한가운데 바람 불어 물결 쳐, 안개 뒤섞여 젖어진 날,

갈길은 천리만리나 남고. 사면이 검어.

어둑 정그러져, 천지적막한데,

까치뉘 떠 들어와, 뱃전 머리 탕탕. 물결은 위르르, 출렁 출렁.

도사공 영좌이하, 황황급급하여, 고사지제를 차릴제,

섬쌀로 밥짓고. 온소잡고, 동우술, 오색탕수, 삼색실과를,

방위 차려 갈라 궤고, 산돗 잡아 큰칼 꽂아, 기는듯이 바쳐 놓고,

도사공 거동봐라. 의관을 정제하고 북채를 양손에 쥐고, (후략)

인당수에 당도하자마자, 갑자기 밀려든 짙은 안개와 큰 파도가 「범피중류」에서 느긋하게 감상한 풍광들을 삼켜버립니다.

주위가 갑자기 어두워지더니, 물결이 뱃머리를 탕탕 치고, 출렁출렁 일렁이는 파도가 배를 위협합니다.

엇모리장단은 말 그대로 '엇나가게 몰아간다'는 뜻이에요. 리듬을 살펴보면 "따따따 따따 / 따따따 따따"처럼, 3소박과 2소박이 번갈아 반복되는데요(3+2/3+2), 이를 '혼소박 4장단의 혼합 장단'이라고 합니다.이렇게 독특한 리듬 구조 덕분에 엇모리장단은 듣는 이의 마음을 살짝 흔드는 듯한 묘한 매력이 있어요. 아래 그림을 보면서 직접 장단을 쳐보세요. 리듬을 몸으로 느껴보면, 훨씬 더 이해가 잘 될 거예요!

엇모리장단

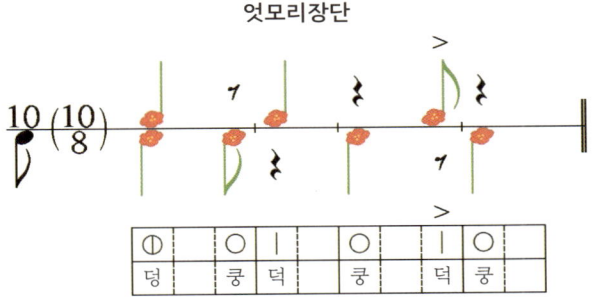

의관을 정제한 사공들이 서둘러 고사를 지냅니다. 청이가 인당수에 몸을 던지는 장면은 느린 자진모리장단으로 전개되죠. 자진모리장단은 매우 빠른 속도로 전개되는 황급한 상황에서 사용된다고 했는데요. 그 속도를 조금 늦춘 느린 자진모리장단을 선택한 것은 아마도 죽음을 앞둔 심청에 대한 연민이 아니었을까요. 역시 성창순 명창의 소리로 계속 봅니다.

느린 자진모리

고사를 다 지낸 후, 심낭자 물에 들라. 성화같이 재촉하니,

심청이 죽으란, 말을 듣더니마는

여보시오, 선인님네, 도화동 쪽이 어디쯤이나 있소.

도사공이 나서더니, 손을 들어서 가르치는데,

도화동이 저기 운애만 자욱한 데가 도화동이요.

심청이 이 말을 듣고, 정화수 떠받쳐 놓고, 분향사배 우는 말이

"아이고 아버지, 이제는 하릴없이 죽사오니,

아버지는 어서 눈을 떠, 대명천지 다시 보고, 칠십생남 하옵소서.

여보시오 선인님네, 억십만금 퇴를 내어, 본국으로 가시거든,

우리 부친을 위로하여 주옵소서."

글랑은 염려말고, 어서 급히 물에 들라.

　　아무런 선택지도 없는 마지막 순간, 청이는 아버지 계신 도화동을 향해 하직 인사를 올립니다. 그의 마지막 소원은 단 한 가지, 아버지가 눈을 떠 밝은 세상을 보는 것. 나아가 칠십생남을 하시라고 복을 빌어주는데요. 칠십생남七十生男, 70에 아들을 얻으라니 불가능해 보이지만, 이렇듯 아버지 여생이 행복하기를 기도하는 마음이겠죠.

금방이라도 집어삼킬 듯 사납게 달려드는 파도 앞에서 선원들은 더는 청이를 기다려 줄 수 없습니다. "어서 급히 물에 들라!" 다급히 소리치는 선원들.

휘모리
심청이 거동 봐라. 샛별같은 눈을 감고,
치마자락 무릅쓰고, 이리비틀 저리 비틀,
뱃전으로 우루루, 만경창파 갈매기 격으로 떴다 물에가!
풍, 빠져노니.

장단이 어느새 매우 빠른 속도로 몰아가는 '휘모리장단'으로 바뀌었습니다. 더욱 급해진 선원들의 마음을 대변하는 것이죠. 파도가 얼마나 거센지, 청이가 '이리비틀 저리비틀' 몸을 가누지 못하네요. 선원들은 거의 넋이 나간 눈빛으로, 그러나 공포에 떠는 청이를 애써 외면한 채 소리칩니다. 이러다가 배가 뒤집혀 다 죽겠으니, "어서 물에 들라."

지옥이 따로 없군요.

더는 물러설 곳이 없는 청이. 눈을 질끈 감고, 치맛자락을 들어올려 머리까지 뒤집어씁니다. 이내 끝없이 펼쳐진 망망대해에 홀로 나는 갈매기처럼 펄쩍 뛰어오르더니, 순식간에 물에 풍! 떨어집니다.

유영애 명창, 전라북도무형유산 제2호 판소리 〈심청가〉 보유자.
(본인 제공)

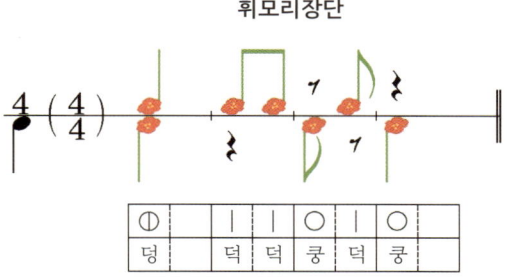

휘모리장단

심청의 투신으로 잠잠해진 바다.

청이의 자취는 간데없고, 남경 선원을 실은 배는 어린 아기의 숨결처럼 평온한 바다 위로 유유히 흘러갑니다.

이렇듯 참을 수 없는 비인간적인 사건이 벌어지고, 그 후로 사람들은 아무 일 없었다는 듯이 일상으로 돌아갑니다. 그래도 소수의 불행에 마음 아파하고, 연민하며 기억하는 사람들이 있으니 희망은 있습니다.

집채같은 풍랑 속으로 뛰어든 청이는 어떻게 되었을까요? 고래밥이요? 그건 좀 잔혹하잖아요. 불교의 윤회설에 따르면, 삶과 죽음은 끝없는 순환으로 이어진다고 하는데, 마음 착한 청이가 다음 생에는 더 고귀한 존재로 환생하지 않을까요? 중요한 것은 희생한 청이를 기억하는 것입니다.

청천의 외기러기 높이 떠,
'추월만정'

하늘은 우리의 낭만적 상상과 일말의 기대를 저버리지 않았습니다. 인당수에 몸을 던진 청이는 지극한 효성을 높이 평가한 옥황상제 명으로 환생합니다. 그뿐 아니라 용궁에 머무는 동안 그토록 보고 싶던 어머니 곽씨 부인을 만나 가슴 깊은 곳에 쌓인 회포를 풀었답니다. 「연꽃환생」이라고 불리는 대목에서 그 자세한 내용을 찾아볼 수 있습니다.

불교에서는 죽음을 완전한 소멸로 보지 않습니다. 죽음은 단지 경계를 넘어 또 다른 생으로 옮겨 가는 과정이며, 현생에서 선하게 살아간 사람은 다음 생에서 더 나은 삶을 얻게 된다고 하지요. 바로 '인과응보'입니다. 이러한 흐름이 끝없이 이어지는 것이 곧 '윤회'라는 개념인데요, 청이는 아버지를 위해 목숨을 내던진 지극한 효행 덕분에 짧은 시간 안에 환생할 수 있었던 것으로 보입니다.

다시 세상으로 돌아온 청이는 황후가 되어 궁궐에서 행복한 나날을 보내게 되지요. 그러나 시간이 흘러 벌써 3년이 지난 지금, 아버지를 향한 그리움은 더욱 깊어졌고, 심황후 얼굴에는 수심이 가득합니다. "어쩌면 3년이 이렇게 빨리 지나간 걸까요?" 용궁에서 보낸 시간은 그리 길지 않았던 것 같은데, 연꽃 속에서 눈을 떠 세상에 나와 보니. 벌써 3년이 훌쩍 흘러 있었습니다.

혹시 이런 말 들어봤나요? 우리가 인식하는 시간은 우주의 시간과 다르다고요. 그처럼 사람이 가보지 못한 용궁의 시간도 어쩌면, 지상과는 전혀 다른 속도로 흐르고 있었던 건 아닐까요?

때는 가을, 구중궁궐에서 가을을 맞으니, 홀로 계실 아버지 생각에 청이의 마음은 한없이 무겁기만 합니다. 눈먼 아비와 어린 자신을 따뜻하게 품어주던 이웃들, 고향 마을을 비추던 달빛마저 그립습니다.

옛 추억도 한 자락 떠오릅니다. 승상 댁에 삯바느질 가던 가을 아침. 길가에 피어난 쑥부쟁이 위에 맺힌 이슬방울과 가볍게 눈인사를 나눌 때, 흰 꽃잎에 앉은 잠자리가 젖은 날개를 접은 채 졸고 있었지요. 행여나 잠 깰라 살며시 날개를 집어 올려

저고리 어깨선 위에 올려놓고 걷던 그 길, 가벼운 그 발걸음. 곧 해가 뜨면, 고추잠자리는 햇볕에 잘 말려 가벼워진 날개를 펴고 허공으로 날아가 버립니다. 그때 올려다본 쪽빛 하늘엔 솜사탕 같은 흰 구름이 뭉글뭉글 피어나고 있었죠.

하루 일을 마치고, 쌀 한 되 얻어 아버지가 기다리는 집으로 돌아오던 해질녘. 가을 들판에 한 줄기 바람이 불어오면, 잘 여문 벼 이삭들이 사각사각 부딪히며 겨자 빛 물결로 일렁이던 풍경. 저 멀리 논 한 가운데 서 있는 허수아비도 보입니다. 농부의 해진 옷을 빌려 입은 허수아범이 글쎄 본분을 잊고 참새들과 벗하여 놀고 있군요. 그 모습이 못마땅한 농부가 찌그러진 양동이를 힘껏 두드리며 "훠이~ 훠이!" 소리를 높입니다. 청이가 나고 자란 고향의 가을은 그렇듯 정겹게 익어가곤 했어요.

가을, 고향, 동네 사람들. 이 셋은 늘 한 세트로 엮여 한동안 잊고 지낸 기억을 소환하고, 끝 모를 그리움을 만들어내지요. 그런데 이건 정말 청이가 떠올린 추억이 맞을까요? 글쎄요. 확실한 건 단 하나, 이 이야기는 판소리 〈심청가〉 어디에도 없다는 사실입니다. 하하. 작가적 상상력이라고 해두지요.

황후 청이가 구중궁궐에서 길을 잃기 전에 이제 우리도 서둘러 판소리 〈심청가〉의 「추월만정」 대목으로 들어가 볼까요? 쉿! 가을 타는 황후님의 예민해진 심기를 건드리지 않도록, 사뿐사뿐, 나비걸음으로 조심스럽게 들어가 보겠습니다.

'추월만정秋月滿庭'은 가을 달빛이 뜰에 가득하다는 뜻입니다. 서늘한 기운을 머금은 달빛이 구중궁궐 처마 끝을 타고 흐릅니다. 높고 깊은 담장 안, 아름다운 여인이 뜰에 홀로 서 있군요. 그는 바로 아버지를 위해 목숨을 던진 후 옥황상제 명으로 '연꽃 환생'하여 황후가 된 심청입니다.

달 밝은 가을밤에 잠 못 이루고, 홀로 계실 아버지를 그리워하며 눈물짓고 있군요. 공양미 삼백 석을 바친 대가로 아버지는 과연 눈을 떠 밝은 세상을 봤을까? 여전히 어두운 눈으로 암흑 세상을 살고 계신 건 아닐까? 효성 깊은 청이는 아버지 심학규에 대한 걱정과 그리움을 담아 편지를 써서 기러기에게 대신 전해달라고 부탁하려 합니다.

2024년 가을, 여성국극을 주제로 공전의 성공을 거둔 드라마 〈정년이〉에서 정년이(김태리) 어머니 역으로 출연한 문소리가 직접 불러서 주목받았었죠. 이 드라마를 보면서 "이 대목을 정말 문소리가 직접 불렀을까?" 귀를 의심하며 들었답니다. 입 모양과 소리 일체감의 차이를 따져 보면서요. 떡목이 된 딸 정년에게 그동안 감추어둔 소리를 들려주는 장면에서 소름이 돋았죠. 다시 생각해도 감동적인 소리, 멋진 장면입니다.

「추월만정」은 웬만한 공력을 가진 소리꾼이 아니고서는 부르기 힘들 정도로 예술성이 높은 대목인데요. 배우 문소리는 이 대목을 노래하려고 1년 동안 천 번 이상을 불렀다는군요.

그 열정의 근저에는 그가 대학 시절에 판소리 〈수궁가〉 인간 문화재 남해성 명창에게 1년간 〈수궁가〉를 배웠던 사연이 있습니다. 20대 대학 시절에 종로3가를 걷다가 판소리를 듣고 무언가에 홀린 듯 무작정 찾아간 곳이 남해성 명창의 전수소였고, 인연을 맺은 후 산공부까지 쫓아갈 정도로 소리에 몰입하여 살던 시절이 있었답니다.

이 대목에서 「추월만정」의 원조 명창 이화중선의 소리와, 천 번 이상 불러서 재현한 멋진 배우 문소리의 소리를 차례로 비교·감상해 볼까요? 가사가 있으면 감상과 이해에 도움이 되겠지요? 저는 친절하니, 가사 올릴게요.

추월秋月은 만정滿庭허고 산호주렴珊瑚珠簾 비쳐들제,

청천의 외기러기는 월하에 높이 떠서

뚜루루루루루루 끼룩 울음을 울고 가니,

심황후 반겨 듣고 오느냐 저 기럭아.

너 무삼 설움 있어 저리 슬피 울고 오느냐.

소중랑 북해상에 편지 전튼 기러기냐,

항주 도화동을 가글라거든 편지 일장 전해다오.

방으로 들어가 필묵을 내려놓고,

한자 씨고 한숨 쉬고, 두자 씨고 아, 눈물이라.

글자가 모두 수묵이 되니, 언어가 오착이로구나.

편지를 손에 들고 창을 열고 나서보니

기러기는 간 곳이 없고,

창망한 구름 밖에 별과 달만 두렷이 밝았구나.

이화중선의 '추월만정'

드라마 〈정년이〉에서 문소리의 '추월만정'

「추월만정」에서 황후 청이의 애틋한 심정을 느꼈다면, 다시 이야기 속으로 함께 들어가 봅시다. 가을 달빛이 뜰에 가득 찼는데, 하늘엔 기러기가 "뚜루루루루루루루 끼룩" 울음 울며 날아가고 있습니다. 반가운 마음에 기러기에게 말을 건네봅니다. "네가 무슨 설움이 그리 많아 슬피 울고 있느냐"라고 말이죠. 기러기 울음소리에 자신의 답답하고 슬픈 마음을 투영한 질문 같지요? 똑같은 대상과 상황을 누가 보느냐, 어떤 처지에 있느냐에 따라 다르게 해석할 수 있으니까요.

다시 이어지는 질문에서 "소중랑 북해상에 편지 전튼 기러기냐"고 묻는군요. 기러기가 철새이니만큼 세상 곳곳을 두루 다닐 테지만, '소중랑 북해상'과 '편지', '기러기'는 어떤 맥락일까요? 이 사설은 중국의 '소중랑 고사'와 관련이 있답니다.

　여러분을 옛날 옛적 중국 한나라 시절로 안내하겠습니다. 소중랑은 중국 한나라 무제의 신료였던 소무를 가리킵니다. 당시 중국 북방에서 세력을 확장하던 흉노가 한나라와 갈등을 겪으며 잦은 전쟁을 일으켰는데, 이때 소무가 흉노에 사신으로 파견됩니다. 아마 휴전을 제안하거나 평화협정을 맺는 등의 목적이었던 것 같아요. 뜻밖에도 흉노는 그를 잡아 가둬버립니다. 엎친 데 덮친 격으로, 한나라는 끝내 그의 존재마저 잊고 맙니다.

　소무의 심정은 어땠을까요? "주군이여, 어찌하여 저를 버리셨나이까?" 그는 억울하고 분한 마음에 땅을 치며 괴로워하다가, 결국 이 가혹한 현실을 외면하고 싶었을지도 모릅니다. 세상에서 잊힌 사람으로 살아간다는 것, 그 억울함과 슬픔은 짐작조차 할 수 없을 거예요.

　그러나 나라가 자신을 잊었다 해도, 소중랑은 포기하지 않았습니다. 희망을 잃지 않고, 살아날 방법을 궁리하던 어느 날, 그는 무리를 지어 날아가는 기러기를 보고 무릎을 탁! 칩니다. "그래, 기러기가 날 살릴 수 있겠구나." 곧바로 그는 조국에 보내는 편지를 써서 기러기 다리에 묶어 날려 보냅니다. 기러기를 자신을 구할 전령사로 삼은 것이지요.

그리고 어느 날, 즉위한 소제가 상림원에서 다리에 무엇인가를 묶고 있는 기러기 한 마리를 발견합니다. 그 다리에 묶인 편지를 읽은 소제는 깜짝 놀랍니다. 편지에는 이런 사연이 적혀 있었습니다. "저는 무제 때 흉노에 파견된 사신 소무입니다. 지금 북해 택중에서 살아 있습니다." 편지를 다 읽은 소제는 흉노에 사신을 보내 소무의 송환을 요구했고, 마침내 소무는 고국으로 살아 돌아왔답니다.

자, 여기까지 듣고 나니 어떤 흐름인지 감이 잡히지요? 심황후는 소중랑의 고사를 기억하고 있었나 봅니다. 소무가 편지를 써서 기러기 다리에 묶어 고국으로 보냈던 것처럼, 자신도 죽지 않고 살아 황후가 되었노라고, 아버지께 전하고 싶었던 것이겠지요.

그런데 이 일을 어쩌면 좋을까요? 눈물 젖은 편지를 전할 수 없게 되었습니다. 아버지께 보낼 편지를 써 내려가다가 '한 자 쓰고는 한숨 쉬고, 두 자 쓰고는 아, 눈물짓고……' 막상 어떤 말을 어떻게 써야 할지 몰라, 한숨과 눈물이 엉켜 시간이 많이 흘렀던 모양입니다. 겨우 편지를 써서 손에 들고 창을 열고 나섰는데, 기러기는 이미 간 곳 없고, 창망한 하늘엔 구름 너머 별과 달만이 안타까운 표정으로 심황후를 내려다보고 있었죠.

3장. 끔적, 끔적, 눈을 번쩍 떴구나, 판소리 〈심청가〉

이럴 때 흔히들 억장이 무너진다고 하죠. 전령사로 삼으려던 기러기를 놓쳐버렸으니, 이 눈물 젖은 편지는 도대체 어떻게 전달한단 말입니까. 심황후는 허탈한 마음으로 그 자리에 주저앉아, 끝내 참았던 눈물을 쏟으며 통곡합니다.

심황후가 부르는 「추월만정」은 매우 느린 진양조장단에 애처로운 사설을 계면조에 얹어 부르니 슬픔이 극대화되지요.

이렇듯, 심황후가 슬피 우니, 황제가 근심의 이유를 묻습니다. 심황후는 조심스럽게 말을 꺼냅니다. 자신이 생각하기에 세상에서 가장 안타까운 사람은 앞을 보지 못하는 맹인이라며, 전국 맹인들을 위한 잔치를 열고 싶다는 소원을 아뢰죠.

황제는 곧 전국 맹인이 모두 참여할 수 있도록 세 달간 맹인잔치를 열라고 어명을 내립니다. 이렇게 되면, 기러기 날아간 자리에 확실한 전령사 황제가 찾아든 셈인가요? 역시 효녀 심청의 주제는 '지성이면 감천'이 맞습니다.

이 대목에서 우리는 청이의 인품과 올바른 처신을 엿볼 수 있습니다. 생각해 보세요. 이제 청이는 황해도 황주에서 삯바느질로 아버지를 봉양하던 가난한 소녀가 아닙니다. 나라의 최고 권력자인 황제의 아내이자, 온 나라 여인이 우러러보는 황후입니다. 마음만 먹으면 아버지 안부를 당장 확인할 수 있고, 사람을 보내 궁궐로 모셔올 수도 있죠. 황제에게 긴밀히 요청하거나, 궁중 인력을 사적으로 쓰는 것도 가능했을 겁니다.

그런데도 왜 청이는 그 쉬운 길을 마다하고 홀로 '벙어리 냉가슴 앓듯' 하는 걸까요? 그것은 그가 공적으로 부여받은 황후의 지위와 권력을 사적인 일에 함부로 쓰지 않는 사람이라는 사실을 보여줍니다. 아버지 심봉사의 안부가 걱정된다면, 단도직입적으로 황제에게 사람을 보내 달라 요청할 수도 있었겠지요. 하지만 심황후는 자신의 사사로운 바람 대신, 전국의 맹인을 위한 잔치를 열게 함으로써 왕이 소외된 이들을 돌아보게 했습니다.

덕성과 지혜를 겸비한 심황후의 처신은 남달랐습니다. 효심을 공적인 선행으로 승화시킨 지혜로운 처사, 바로 이것이 황후의 자격, 심청의 진짜 품격입니다. 이런 걸 두고 우리가 흔히 '노블레스 오블리주'라고 하지요? 와우!

자, 이제 청이가 아버지를 만날 날도 머지않은 것 같네요. 한편, 심봉사도 맹인 잔치 소식을 듣고 함께 살던 뺑덕어멈과 길을 나섭니다. 하지만 그 여정이 순탄치만은 않았죠. 도중에 뺑덕어멈에게 배신을 당해 전 재산과 의복까지 빼앗긴 심봉사는 거지가 되고 맙니다. 노잣돈은커녕 먹을 것도, 입을 것도 없는 불쌍한 신세. 그는 남의 집 방아를 찧어주며 밥을 얻어먹고, 겨우겨우 목숨을 이어 홀로 황성으로 향합니다.

내 딸 좀 보자, 어디!
'심봉사 눈 뜨는 대목'

    판소리 〈심청가〉의 대단원의 막이 내리는 장면인 만큼 마지막까지 긴장의 끈을 놓지 말고 따라오세요.

    황성 맹인 잔치 마지막 날, 우여곡절 끝에 잔치 자리에 참여한 심봉사가 죽은 줄로만 알았던 딸 청이를 만나, 기적적으로 눈을 뜨는 장면입니다.

    이 대목은 「예 소맹이 아뢰리다」, 「심황후 이말 듣고」, 「만좌 맹인이 눈을 뜬다」로 나뉘어 전개됩니다. 「예 소맹이 아뢰리다」는 심학규가 봉사 점고를 마치고, 드디어 딸 심황후를 만나는 극적 장면인데요. 황후 심청이 심봉사에게 주소와 가족 관계를 물어보니, 깜짝 놀란 심봉사가 자식 팔아먹은 죄인이 낯을 들고 다닐 수 없다면서 죽고 싶은 심경을 중모리장단에 얹어 노래합니다. 강산제 〈심청가〉의 성창순 명창이 부른 사설을 소개합니다.

예, 소맹이 아뢰리다. 예, 아뢰리다. 예, 소맹이 아뢰리다.
소맹이 사옵기는, 황주 도화동이 고토옵고, 성명은 심학규요.
을축년 정월달의 산후경으로 상처허고
어미 잃은 딸자식을 강보으다 싸서 안고
이집 저집을 다니면서 동냥젖을 얻어 먹여 계우계우 길러내어
효행이 출천하야 애비 눈을 띄인다고
남경장사 선인들께 삼백석으 몸이 팔려 인당수 제숙으로 죽으러 간
지 삼년이요
눈도 뜨지 못하옵고 자식만 팔아먹은 놈을 살려두어 쓸데 있소
비수검 드는 칼로 당장으(에) 목숨을 끊어 주오

단번에 아버지 심봉사를 알아보았지만, 절차에 따라 신분 확인을 하던 중 "황주 도화동", "심학규"란 말을 듣는 순간, 심황후의 심장은 솜방망이 치듯 아려옵니다.

심황후가 기가 막힌 건 아버지가 여전히 앞을 못 본다는 사실입니다. 이런 기막힐 노릇이 어디 있을까요. "내 목숨값, 공양미 삼백 석 돌리도!"

심황후 이말 듣고, 산호 주렴을 걷혀 버리고

버선발로 우루루루루루루루,

부친의 목을 안고, "아이고, 아버지!"

심봉사 깜짝 놀래, "아버지라니, 누가 날 다려 아버지여!

어이, 누가 날 더러 아버지여! 나는 아들도 없고, 딸도 없소."

"아이고 아버지, 여태 눈을 못 뜨셨소.

인당수 풍랑중으 빠져죽던 청이가 살아서 여기 왔소.

어서어서 눈을 떠서 저를 급히 보옵소서"

심봉사가 이 말을 듣더니 어쩔 줄을 모르는구나.

"청이라니, 이것이 웬말이냐, 내가 지금 죽어 수궁을 들어왔느냐.

내가 지금 꿈을 꾸느냐. 죽고 없는 내 딸 청이 여기가 어디라고

살어 오다니 웬말이야.

내 딸이면 어디 보자. 어디, 내 딸 좀 보자, 어디!

아이고, 내가 눈이 있어야 내 딸을 보제. 아이고, 답답하여라."

두 눈을 끔적, 끔적, 끔적! 허더니마는 눈을 번쩍 떴구나.

성창순 명창의 '심봉사 눈뜨는 대목'

정회석 명창. 국가무형유산 판소리 〈심청가〉 보유자. (본인 제공)

심봉사는 죽은 줄로만 알았던 딸 청이가 지금 자신의 눈앞에 살아있다는 말을 듣고, 놀라서 통곡하다가 번쩍 눈을 뜨는 극적인 장면이 연출됩니다.

심봉사가 눈을 뜨려는 순간, 팽배해진 긴장감과 박진감을 빠른 속도로 몰아치는 자진모리장단으로 살려냅니다. 위의 사설에 이어져 있는 내용이지만, 극적 전개의 묘미를 살리기 위해 편의상 구분해서 살펴봅니다. 심황후가 "어서어서 눈을 떠서 저를 급히 보옵소서" 통곡하며 부르니, 심학규가 조급해하며 "내 딸 좀 보자, 어디!" 답답함을 토로합니다. 심봉사가 온 정기를 눈에 모아 "두 눈을 끔쩍, 끔쩍, 끔쩍!" 하더니 드디어 번쩍 눈을 떴습니다. "얼씨구, 절씨구, 지화자 좋~다!"

마지막으로, 「만좌맹인이 눈을 뜬다」는 딸과 재회한 심봉사가 눈을 뜨자, 다른 여러 맹인도 덩달아 눈을 뜬다는 내용입니다. 평생 어둠 속에 살아왔던 맹인들이 일제히 눈을 떠 밝은 세상을 보게 되니, 흥분의 도가니에 빠져든 그 기쁨의 현장은 빠른 속도로 몰아붙이는 자진모리장단으로 풀어냅니다.

만좌 맹인이 눈을 뜬다. 어떻게 눈을 뜨는고 허며는
전라도 순창, 담양. 새 갈모 떼는 소리라 쫙 쫙 허더니마는
모두 눈을 떠버리는구나.
석 달 동안 큰 잔치에 먼저 나와 참여하고

나려간 맹인들도 저희 집에서 눈을 뜨고

미처 당도 못한 맹인 중로에서 눈을 뜨고

가다 뜨고 오다 뜨고, 서서 뜨고 앉아 뜨고

실없이 뜨고, 어이없이 뜨고

화내다 뜨고, 울다 뜨고 웃다 뜨고

떠 보느라고 뜨고, 시원히 뜨고

앉아 노다 뜨고, 자다 깨다 뜨고, 졸다 번뜻 뜨고

지어 비금주수까지 일시으(에) 눈을 떠서

광명천지가 되었구나.

와우! 무려 3개월 동안 치러진 맹인 잔치에 참여했던 맹인들이 너 나 할 것 없이 덩달아 눈을 뜨는군요.

이 기적은 시공간을 초월합니다. 심봉사 근처에 있던 이는 물론, 잔치에 참여했다가 이미 집에 돌아간 사람은 제 집에서, 집에 돌아가고 있던 사람은 길 위에서 눈을 뜹니다.

눈을 뜨는 모습도 제각각이죠.

가다가. 오다가, 서 있다가, 앉았다가, 실없이, 어이없이, 화내다가, 울다가, 웃다가, 그냥 떠보다가, 시원하게 앉아 놀다가, 자다 깨다가, 졸다가, 등등 어느 장소와 시간, 어느 상황을 불문하고 번쩍, 번쩍 눈을 뜨는 장면이 나열되어 있습니다. 빠르게 몰아가는 자진모리장단과 전국 각지에서 맹인들이 앞다

투며 눈을 뜨는 모습이 환상의 호흡을 보여줍니다.

천지개벽과 같은 기적이 일어나기까지 일관되게 유지된 건 청이의 지극한 효성입니다. 부모님께 효도하는 것이 곧 자신이 잘 되는 일이라는 교훈을 심어주는 이야기죠.

하지만 뭔가 개운치 않습니다. 자식의 목숨값으로 눈을 뜬 아버지가 보는 세상은 어떨까요? 정말 소중한 것을 잃어버린 마당에, 인생의 전부였던 딸 청이의 목숨값과 맞바꾼 세상을 보는 것은 과연 어떤 의미일까요?

남경 선인이라고 하는 뱃사람들 처사는 어떤가요? 물질적 풍요와 자신들의 행복을 위해 어린 소녀의 생명을 풍랑 속으로 무참하게 던져버리는 폭력을 자행해도 되는 걸까요? 결과만 좋으면 과정에서 일어난 모든 불의와 폭력이 정당화되는 걸까요?

자신들의 이익을 위해 공양미 삼백 석과 청이의 목숨을 맞바꾼 선인들은 일말의 양심은 있었나 봅니다. 청이가 인당수에 뛰어든 후 기세등등하던 파도가 잔잔해지자 모두 눈물을 쏟아내며 말합니다. "장사도 좋거니와, 우리가 넌넌이(해마다) 사람을 사다, 이 물에다 넣고 가니 우리 후사後事가 잘 되겠느냐.", "명년부텀은(내년부터) 이 장사를 그만두자. 닻 감어라."

이 말을 듣고 보니, 청이와 같은 처녀를 인당수에 제물로 던진 것이 한두 번이 아닌 듯합니다. 뒤늦은 후회와 반성이지만,

내년부터 이 사업을 접고 다른 길을 모색하겠다니 다행입니다.

일말의 양심으로 은폐된 폭력의 실상을 드러내고. 통렬한 자기반성과 함께 새출발을 다짐하는 남경 선인들의 다짐이 흔들림 없기를 바랍니다.

인간존엄성의 최우선적 가치인 생명권은 동서고금을 막론하고 존중되어야 합니다. 삶은 그 자체로 아름다운 것, 세상 그 무엇과도 바꿀 수 없는 빛나는 보석이니까요.

4장

범 내려온다!

판소리 〈수궁가〉

김수연 명창, 국가무형유산 판소리 〈수궁가〉 보유자. (본인 제공)

판소리 〈수궁가〉는 다섯 마당 중 유일한 우화 형식의 작품으로, 동물 이야기를 통해 인간 사회 삶의 모습을 풍자적으로 그려냅니다. 이야기는 용왕의 병을 고치기 위해 토끼의 간을 구하려는 별주부와 위기를 꾀로 모면하는 토끼 이야기를 중심으로 전개됩니다. 과도한 욕심과 맹목적 충성의 위험성, 기지를 발휘한 생존의 지혜를 교훈적으로 말합니다.

이야기는 바닷속 용궁에서 시작됩니다. 어느 날 용왕이 알 수 없는 병에 걸려 시름시름 앓기 시작합니다. 희귀병 같은 걸까요? 용왕의 병을 고치기 위해 신하들이 온갖 귀한 약을 구해 바치지만, 좀처럼 차도가 없어 용궁 안은 걱정으로 가득합니다.

그러던 중 도사가 나타나 '토끼의 간을 달여 먹으면 용왕의 병이 낫는다'라는 처방을 내놓고, 용왕은 신하들을 불러 누구든 토끼의 간을 구해오라고 명령합니다. 그때 충성심 하나만큼은 둘째가라면 서러운 별주부가 나서서 육지로 떠나게 되지요.

하지만 바다에서만 산 별주부에게 육지는 낯설고 위험한 곳입니다. 걷는 법도, 숨 쉬는 법도 어색한 땅 위에서, 그는 하마터면 호랑이에게 잡아먹힐 뻔하기도 하지요. 지성이면 감천이라, 별주부가 갖은 고생 끝에 결국 토끼를 찾아냅니다. 문제는 토끼가 만만한 상대가 아니라는 점입니다. 말재주 좋고 눈치 빠르기로 유명한 토끼는 어지간한 수로는 속지 않지요. 별주부는 꾀를 내어 "용궁은 금빛 찬란

한 세계다. 구경시켜 주겠다", "가면 벼슬을 줄 것이다"라며 토끼를 구슬립니다. 마침내 별주부는 토끼를 용궁으로 데려가는 데 성공합니다.

용궁에 도착한 토끼는 눈이 휘둥그레질 정도로 놀랍니다. 하지만 곧 자신이 자라에게 철저하게 속았고, 용왕의 병을 고치려고 자기 간이 필요하다는 사실을 알게 되지요. 이대로라면 죽는 수밖에 없는 상황! 그야말로 풍전등화의 위기입니다. 그러나 토끼는 기지를 발휘해 용왕님께 "간은 육지에 두고 왔습니다"라고 능청스럽게 거짓말하여 가까스로 죽을 위기를 모면합니다. 결국 토끼는 자라 등에 다시 올라타 육지로 돌아오고, 목숨을 건지게 되지요. 마치 심청의 환생처럼, 다시 세상으로 돌아온 셈입니다.

그렇게 용왕은 간도 얻지 못하고 체면만 구기게 되고, 별주부는 충성을 다했으나 결과적으로는 아무 소득 없이 돌아오고 맙니다.

〈수궁가〉는 겉으로 보기엔 동물이 주인공인 우화지만, 그 안에는 인간 사회를 비추는 깊은 메시지가 담겨 있습니다.

욕심 많은 권력자, 무리한 명령에 충성하는 신하, 위기에서 살아남기 위한 기지와 언변. 이 모든 것이 해학과 풍자 속에 유쾌하게 펼쳐지지요. 별주부는 용왕을 향한 충성심 하나로 목숨을 걸고 육지에 올라가지만, 오히려 판단력 부족과 상황 파악의 미숙함을 보입니다. 그의 모습은 윗사람 명령에 무조건

따르는 '예스맨'의 전형처럼 보이기도 하고, 시대에 맞지 않는 충절의 무게를 짊어진 비극적인 존재처럼 느껴지기도 합니다.

반면, 토끼는 목숨이 걸린 절체절명의 순간에도 놀라울 만큼 침착하게 위기를 돌파합니다. 비록 처음엔 꾀에 넘어가 용궁까지 따라갔지만, 상황을 파악한 뒤에는 빠르게 머리를 굴려 상황을 반전시키지요.

이런 점에서 판소리 〈수궁가〉는 권력에 휘둘리는 자와 기지를 발휘해 위기를 돌파하는 자의 대비를 통해, 유쾌한 웃음을 유발하면서도 씁쓸한 현실 풍자를 전합니다.

자! 그럼, 인간 사회의 진실을 비틀어 담아낸 판소리의 백미라 할 수 있는 〈수궁가〉 눈대목을 감상하러 가볼까요?

좌르르르르르 길을 비켜라,
'범 내려온다'

용왕의 병을 고치기 위해 목숨을 걸고 육지로 떠난 충성스러운 신하 별주부. 낯선 육지에 도착한 그는 사방이 모두 낯선 환경으로 가득해 당혹스럽습니다.

토끼 간을 구하려면 어디서부터 시작해야 할까요?

별주부는 용궁에서 가져온 토끼 그림을 익히며, 한시라도 빨리 토끼를 찾아야 한다고 다짐합니다. 그러나 현실은 녹록지 않습니다. 토끼와 약속이 되어 있는 것도 아니고, 얼굴도 모르는 토끼를 어떻게 찾아야 할까요? 이는 속담에 나오는 '서울에서 김서방 찾기'와 다름없는 막연한 상황이었죠. 물론, 그는 육지로 오는 동안 쉽게 토끼를 찾아서 용궁으로 데려갈 수 있으리라는 낭만적 상상을 하지는 않았겠지만 말입니다.

별주부는 '상좌다툼'을 벌이는 군상들을 둘러보다가 온갖 짐
승들이 모여 있는 곳에서 토끼를 찾겠다고 결심합니다.

큰 소리로 토끼를 불러보려 했지만, 초면에 반말은 실례라는
생각에 존댓말로 부르기로 하죠. 용기를 내어 "토생원!"이라고
불러야 할 것을, 긴장한 나머지 그만 "호생원!"이라고 말해버
립니다. 먼 바다를 헤엄쳐 온 탓인지, 아니면 긴장해서인지 발
음이 엇나간 것입니다.

그런데 이게 웬일인가요?

'호생원' 소리에 호랑이가 자신을 부르는 줄 알고 신나게 달
려옵니다. 생원 소리에 기분이 좋아진 겁니다. 깊은 산길을 헤
치고 위풍당당하게 팔자걸음으로 내려오는 호랑이 모습은 정
말 압도적입니다.

바로 이 장면이 판소리 〈수궁가〉에서 유명한 「범 내려오는
대목」입니다. 호랑이가 산길을 내려오는 장면은 마치 별주부
의 실수를 풍자하면서도, 인간 세상의 우스꽝스러운 상황과
유머를 잘 보여줍니다. 이처럼 판소리 〈수궁가〉는 우화적이면
서도 풍자적인 요소로 가득 차 있어서 더욱 매력적입니다.

범 내려온다. 범이 내려온다.

송림 깊은 골로 한 짐생 내려온다.

누에머리를 흔들며, 양 귀 쭉 찢어지고,

몸은 얼쑹덜쑹, 꼬리는 잔뜩 한 발이 넘고,

동개 같은 앞다리, 전동 같은 뒷다리,

쇠낫같은 발톱으로 엄동설한 백설격으로

잔디 뿌리 왕모래 좌르르르르르르르 흩치고,

주홍 입 떡 벌리고

자래 앞에 가 우뚝 서 훙앵훙앵 하는 소리.

산천이 뒤넘고 땅이 툭 꺼지는 듯

자래가 깜짝 놀라,

목을 움츠리고 가만히 엎졌구나.

초긴장 상태로 얼어버린 자라와 그 사정을 알 리 없는 호랑이의 호탕한 걸음걸이는 극명하게 대비됩니다. 호랑이가 자라 앞에 서서 "주홍 입 떡 벌리고", "훙앵훙앵 하는 소리"를 낼 때, 자라는 더욱 놀라 움츠러들고 맙니다. 이 장면은 자라가 처한 공포와 고립을 생생히 보여줍니다. 그는 이 비극적인 상황에서 홀로 몸부림치며 좌절과 절망을 이겨내야 합니다.

오스트리아의 작가 슈테판 츠바이크는 "비극이 한없이 길어지면, 그것에 몰두하는 능력이 오히려 감소한다"라고 말했습니다. 그의 책 『슈테판 츠바이크의 마지막 수업: 어두울 때야 보는 것들이 있다』에서 언급한 것처럼, 절망적인 시간이 길어질수록 우리의 심장은 불행을 감당할 힘을 잃고 포기할 위험에 처할 수 있습니다. 이 고립된 상황에서 자라는 딱딱한 껍데기 안으로 자신을 숨겨 세상과 단절된 채 고통을 견뎌내고 있지요.

누군가가 이 불쌍한 이방 생물 자라를 발견하고, 그의 처지를 안타깝게 여겨 도움의 손길을 내밀었다면 어땠을까요?

자라가 자신의 불행 속에서 홀로 몸부림치는 대신, 연민과 관심 속에서 이런 불행을 벗어날 수 있었다면, 이야기는 달라졌을지도 모르죠. 슈테판 츠바이크가 말했듯, 우리의 심장은 일정량 이상의 불행을 감당할 만큼 크지 않습니다. 그러기에 외로움과 절망의 시간이 너무 길어지지 않도록 관심과 공감이 필요하죠.

그런데 왜 별주부는 토끼를 '토끼씨'나 '토끼님'이 아닌 '토생원'이라고 불렀을까요? 또 주부와 생원은 어떤 뜻일까요? 이는 조선시대 과거시험을 통해 얻게 되는 벼슬과 관련이 있습니다. 고려시대에 광종이 지방호족 세력을 견제하기 위해 도입한 과거제도가 조선시대에도 여전히 유지되었는데요. 판소리 〈수궁가〉에서 별주부와 토끼는 이러한 과거제도의 계급 체계를 풍자적으로 반영한 것으로 보입니다. '주부'와 '생원'은 각각 관직의 낮은 지위를 나타냅니다.

생원: 조선새대에 소과 초시에 합격한 사람.

주부: 조선시대 관직 중 하나로, 육조의 낮은 등급 직책.

이제 판소리 〈수궁가〉의 「범 내려오는 대목」에 주목해 봅시다. 세상을 호령하듯 등장하는 호랑이의 몸짓과 소리가 엇모리장단을 통해 생생하게 표현되었군요.

「범 내려오는 대목」은 사실 작품의 전체 서사와 크게 연관되지는 않습니다. 이 장면은 자라가 육지에서 토끼를 만나기 위해 겪어야 했던 위험한 상황을 묘사한 부분에 불과합니다. 그런데도, 판소리 명창들이 이 대목을 무대에서 자주 부르며 큰 인기를 끌어왔습니다.

특히, '이날치 밴드'의 활약으로 이 대목이 더 널리 알려지게 되었지요. 2019년에 결성한 국악 그룹 이날치 밴드는 한국 현대무용 그룹 '앰비규어스 댄스 컴퍼니'와 협업해 「범 내려온다」를 현대적으로 재해석해 발표했습니다. 이 곡은 한국관광공사가 내세운 슬로건, '한국의 흥을 느껴라(Feel the Rhythm of Korea)!'라는 파격적인 홍보 영상으로 전 세계적인 인기를 끌며 한국의 전통과 현대적 감각이 어우러진 새로운 국악의 가능성을 보여주었답니다.

현대적인 국악가요로 재탄생한 「범 내려온다」는 글로벌 무대에서 큰 주목을 받으며, 이 대목이 마치 판소리 〈수궁가〉를 대표하는 한 장면으로 자리 잡았어요. 이것은 전통의 가치를 현대적으로 재해석한 사례로, 국악이 세계적인 공감과 사랑을 받을 수 있음을 증명한 상징적 대목입니다.

이날치 밴드의 '범 내려온다'

안숙선 명창의 '범 내려오는 대목'

    호랑이가 왕모래를 "좌르르르르르" 흩뿌리며 위엄 있게 산 아래로 내려오는 장면, 「범 내려온다」 대목, 즐겁게 보셨나요? 이제 다음 눈대목으로 넘어가 볼까요?

자라와 토끼,
'거듭되는 꾀의 대제전'

자라가 호명을 잘 못 하는 바람에 토끼 대신 호랑이가 "흥행행" 소리를 내지르며 산 아래로 내려오자, 깜짝 놀란 자라는 목을 움츠리고 몸 안에 쏙 숨긴 채, 엎드려 죽은 척합니다.

'호생원'이라는 말에 신이 나 한달음에 내려온 호랑이 눈앞에는 '마른 쇠똥 같은', '이리 보아도 둥글둥글, 저리 보아도 둥글둥글'한 그것, '하느님 똥' 그것. 거무스름하고 둥그런 정체모를 검은 덩어리 하나, 바로 자라가 웅크리고 있었죠. 묘하게 생긴 이것이 정말 하느님 똥이라면, 먹어서 손해 볼 건 없겠다고 생각한 호랑이는 자라를 집어삼키려 합니다.

위장술로 몸을 숨기고 있던 자라는 호랑이의 기세에 깜짝 놀라, 온 정신을 집중합니다. 그리고 그 순간, 어릴 적 학교에서 배운 속담 하나가 섬광처럼 떠오릅니다. 바로, "호랑이에게 물려가도 정신만 바짝 차리면 산다." 그렇습니다. 자라는 속으로 되뇌어 봅니다. "지금 내가 위급한 상황에 놓인 건 인정! 이제 정신만 바짝 차리면 살 수 있어." 그는 심호흡 한 번 하고, 침착하게, 그리고 아주 공손하게 자기소개를 시작합니다.

자라는 처음엔 자신을 '자래 새끼'라고 얼버무려 봅니다. 여기서 자래는 자라의 전라도 사투리입니다. 호랑이는 반색하며 "맛진 진미로구나!" 하고 덥석 잡아먹으려 달려듭니다. 놀란 자라는 급히 말을 바꿔, 이번엔 자기를 두꺼비라고 둘러댑니다. 하지만 그것도 통하지 않죠. 이제 더는 빠져나갈 구석이 없습니다.

자라는 결국 정공법을 택하기로 합니다. 몸 안에 숨겨 두었던 목을 천천히, 길게, 세상 밖으로 쭉 내밀고는, 돌연 자신이 호랑이 사냥을 나왔다며 허세를 부리기 시작합니다. 겁에 질려 엎드려 있던 자라는 이제 태연한 척, 말솜씨와 기지를 발휘해 위기를 넘기려 합니다. 그런데 놀랍게도, 그게 통합니다.

정신을 바짝 차린 결과는? 맞습니다. '산중호걸'이라 불린 용맹한 호랑이가 오히려 자라에게 목숨을 구걸하며 도망칩니다.

호랑이 밥이 될 뻔했으나, 기지를 발휘해 죽음의 문턱에서 목숨을 건진 자라. 이제 한껏 기세등등해져 진짜 토끼를 찾아나섭니다.

그런데 육지는 자라의 영역이 아닙니다. 그래서 먼저 정성을 다해 산신제부터 지내기로 합니다. 바다에서 온 자라가 육지의 산신께 고개를 숙이고 조아리면 그 소원을 들어줄까요? 지푸라기라도 잡는 심정이었을까요? 하지만 신기하고 놀랍게도, "유세차 갑신유월 경진삭십오일 갑오 남해수궁 별주부……(중간 생략)……근이청작상사상향!"하고 제를 올리자마자, 어디선가 묘하게 생긴 짐승 하나가 쓰윽 나타납니다. 그토록 찾아 헤매던 바로 그 토끼씨? 아니, 토끼님! '지성이면 감천'이라는 속담이 떠오르네요.

이후 어떻게 됐을까요? 짐작한 대로, 평소 명석하기로 소문난 토끼지만 출세에 눈이 멀어 자라의 꾐에 넘어가고 맙니다. "높은 벼슬 보장할 테니, 같이 용궁 가자"는 말에 혹해 자라를 따라나선 거죠.

이제 이야기는 본격적으로 용궁으로 향합니다.

토끼를 등에 업은 자라가 의기양양하게 바닷속으로 풍덩! 물결이 워르르르르르 출렁! 잔잔하던 바다가 갑자기 크게 일렁입니다. 간절히 토끼 간을 기다리는 용왕의 마음을 담은 듯, 격하게 자라를 반기며 출렁이는군요. 자라는 흡족한 미소를 띠며 용궁으로 향합니다. 완창 공연에서는 이 장면에 소리꾼이 진양조장단에 맞춰 「범피중류」 대목을 부르지요. "범피중류 둥덩둥덩 떠나간다. 망망한 창해이며, 탕탕헌 물결이라."

여기서 잠깐! 〈심청가〉에서도 「범피중류」 대목이 있던 거 기억하나요? 맞습니다. 청이가 아버지 눈을 뜨게 하려고 인당수로 몸을 던지기 전, 배 위에서 부르던 바로 그 대목입니다. 같은 대목이 다른 판소리에서도 쓰이다니 흥미롭죠.

죽음을 향해 나아가는 청이의 눈에 비친 바다 풍경과 출세를 꿈꾸며 자라 등에 올라탄 토끼의 눈에 비친 바다 풍경. 같은 바다지만, 그 분위기는 전혀 다르겠지요. 그런데 글을 쓰다 보니, 문득 이런 생각이 들었습니다. 혹시 우리 조상들이 〈수궁가〉에 〈심청가〉의 「범피중류」를 깊은 의미를 담아 차용한 건 아닐까요? 의도적인 복선으로 말입니다.

한번 생각해 보자고요. 〈심청가〉에서 청이는 인당수에 빠져 죽을 줄 알았지만, 기적처럼 구출되어 용궁에서 어머니를 만나고, 연꽃에 실려 다시 육지로 나와 환생하게 되지요. 〈수궁가〉에서는 어떤가요? 토끼는 초대받아 용궁에 가지만, 알고 보니 간을 빼앗기게 생긴 상황! 죽을 위기에서 꾀를 내어 자라 등을 타고 다시 육지로 돌아와 목숨을 건지잖아요.

아, 좀 일찍 결말을 말했나요? 일종의 스포일러일 수도 있겠지만, 여러분은 어릴 때 〈토끼와 자라〉 동화책을 읽고 다 알고 있다는 전제 아래 말했습니다. 제 추론이 조금은 설득력 있지 않나요?

다시 본론으로 돌아가 볼까요. 「범피중류」는 그 대목의 첫 구절이 "범피중류~"로 시작되어서 붙인 제목입니다. 판소리 대목의 제목을 붙이는 보편적인 방법이죠. '범피중류'는 말 그대로, 배가 바다 한가운데로 둥실 떠나가는 모습을 그립니다. 점점 멀어지는 육지와 산. 바다 곳곳에 자리 잡은 암석들 사이 물결 위로 붉게 물든 석양. 멀리서 화사하고 장중한 음색으로 소리꾼이 부르는 「범피중류」가 들리는 듯합니다.

"범피중류泛彼中流 둥덩둥덩 떠나간다.

망망헌 창해이며 탕탕헌 물결이로구나.

백빈주白頻洲 갈매기는 홍요안紅蓼岸으로 날아들고

삼강의 기러기는 한수로 돌아든다.

요량寮亮헌 나는 소리 어적漁笛이언마는

곡종인불견曲終人不見의 수봉數峰만 푸르렀다."

유태평양의 '토끼 잡아들이는 대목'

토끼는 자라 등에 편히 앉아, 바닷속 아름답고 이국적인 풍경에 온 정신을 빼앗기죠. 산호초 사이를 누비는 고기떼, 출렁이는 물결 사이로 비치는 햇살까지. 감탄하며 바라보다 보니,

어느덧 용궁 문 앞입니다.

과연 토끼의 운명은 어떻게 될까요?

남해 수궁에 도착하자마자, 자라의 태도가 돌변합니다. 곧장 용왕님 앞에 나아가 아뢰지요. "토끼를 생금生擒허여 문밖에 대령하였나이다!"

'생금'이라뇨? 이 말은 '죽이지 않고 사로잡았다'는 뜻입니다. 자라가 드디어 본색을 드러내는군요.

곧바로 수궁이 술렁이고, 명령이 떨어집니다. "토끼 바삐 잡아들여라!" 갑작스러운 상황에 토끼는 어리둥절합니다. 이게 무슨 일인가 싶지요. 하지만 토끼는 빠릅니다. 과거 소과에 합격할 정도로 학식과 지혜가 많을 것으로 추정되는 토생원은 위기를 감지하자, 자라가 호랑이에게 썼던 바로 그 방법을 쓰기로 하죠.

"토끼? 토생원? 누가요?" 무슨 말인지 도대체 모르겠다는 듯, 토끼는 능청을 부립니다. "나는 토끼 아니고 개요." 다음엔 송아지라고도 해보고, 망아지라고도 둘러댑니다. 하지만 아무도 믿어주지 않네요.

이제 정말 간을 꺼내 용왕의 병을 고쳐야 할 그 엄숙하고도 무서운 순간이 다가옵니다. 토끼는 죽음이 눈앞에 와 있음을 직감합니다. 그런데 그 위기에서 아주 맹랑한 거짓말이 툭 튀어나옵니다. "제가 간을 드리고 싶지 않아서가 아니라요……

사실, 바다로 오기 전에 간을 빼서 육지에 두고 왔습니다." 말도 안 되는 이야기지만, 묘하게 그럴듯하게 들립니다.

토생원의 능청스러운 언변이 통한 걸까요? 용왕은 순간 망설입니다. '정말 그럴 수도 있지 않을까'하고 말이죠.

그때 별주부가 단호히 나섭니다. "아닙니다. 저건 거짓말입니다!" 자신 있게 아뢰죠. 어디서 나온 자신감이냐고요? 육지에서 호랑이를 만났을 때, 자라가 똑같은 거짓말로 위기를 넘겼잖아요. 물론 토끼가 그 장면을 봤을 리 없지만, 자라도 그 수법을 이미 썼으니 그 의도를 모를 리가 없지요. 이제, 정말로 토끼의 배를 가를 시간이 다가오고 있습니다.

"허허, 원통헌 일이로구나." 별천지 용궁에 오면 벼슬이라도 할 줄 알고, 잔뜩 기대에 부풀었던 토생원. 어리석게도 자신이 자라의 거짓말에 속아넘어간 사실을 알고는 통곡합니다. 멋진 관복은커녕, 오랏줄에 묶여 용왕님 앞으로 끌려온 토끼. 눈은 놀라움과 공포에 동공이 활짝 확장되어 마치 황소 눈, 혹은 보름달처럼 둥글고 커졌습니다. 우리 눈에 보이지는 않지만, 간은 어떨까요? 콩알만큼 쪼그라들었겠지요. 이런 상황에서 어떻게 담담할 수 있겠어요.

하지만 이럴 때일수록 정신을 바짝 차려야 합니다. 하염없이 눈물만 흘리며 앉아 있던 토끼는 침착하게 생각을 정리합니다. '그래, 내가 어쩌다 자라 등에 업혀 용궁까지 와서 곧 죽을 몸이 되었지만, 정신만 바짝 차리면 살아 돌아갈 수 있을 거야.' 토끼는 그 특유의 냉철함과 기지를 되찾기 시작합니다. 그리고 말도 안 되는 궤변을 늘어놓기 시작합니다.

자신이 자라를 따라 용궁에 온 건 오직 용왕님을 섬기기 위함이라면서 아첨하죠. 그러고는 만일 산중에 계속 살았더라면, 언젠가는 사냥꾼에게 잡히고, 독수리 밥이 되거나, 그물에 걸리거나, 총부리에 맞아 죽을 목숨이었다. 그렇게 이름도 없이, 흔적도 없이 쓸쓸히 사라질 운명이었는데, 이제는 자신의 간을 용왕님께 바쳐 용왕님의 목숨을 구할 수 있다니, 이 얼마나 큰 영광이겠냐며 상대의 마음을 얻으려 하죠. 그런데 뒤에는 어마어마한 반전이 있네요.

하지만 "천하 몹쓸 이 방정이 간을 두고 왔사오니, 절통허기 측량이 없나이다"라며 거짓 울음을 쏟아냅니다. 그 말을 들은 용왕은 어이없다는 듯 호탕하게 웃으며, 말도 안 되는 소리는 집어치우라고 타박하죠. 그러자 토끼는 얼굴색 하나 변하지 않고 태연하게 중모리장단에 얹어 덧붙입니다.

소퇴가 아뢰리다 소퇴의 간인즉 월륜정기月輪精氣로 생겼삽더니, 보름이면 간을 내고 그믐이면 간을 들이내다, 세상의 병객들이 소퇴 곧 얼른허면 간을 달라고 보채기로, 간을 내어 파초잎에다 꼭꼭 싸서, 칡노로 칭칭 동여 의주 석산 계수나무 느러진 상상가지 끝끝트리 달아매고, 도화유수옥계변桃花流水玉溪邊의 탁족濯足(발 씻음)허러 내려왔다 우연히 주부를 만나 수궁흥미가 좋다기로 완경차로 왔나이다.

요약하면 이런 내용입니다. 육지에서도 토끼 간이 병을 낫게 하는 명약이라는 소문이 자자하여, 간을 조금만 떼어 달라는 환자들이 줄을 잇는다죠. 음…… 그럴 리가요. 누가 들어도 뻔한 거짓말을 그럴싸하게 잘도 가져다 붙입니다. 하여튼, 간을 달라는 환자들 때문에 귀찮아서 자기 간을 꺼내어 풀잎에 꼭꼭 싸고, 칡 끈으로 동여매 계수나무 가지 끝에 매달아두었다네요. 하하. 이쯤 되면 거짓말도 예술의 경지라고 할 수 있겠죠? 이 말에 용왕은 화를 내며 꾸짖습니다. "어느 생명이 제 간을 마음대로 꺼냈다가 넣을 수 있단 말이냐!" 하지만 토끼는 기왕 시작한 거짓말, 끝장을 보겠다는 심정으로 자신의 신체 어딘가에 그런 특수한 기능을 가진 구멍이 있다며 끝까지 밀어붙입니다

박동진 명창의 '토끼 용왕 속이는 대목'

만약 이 연기를 우리가 직접 볼 수 있다면, 아카데미 영화 주연상쯤은 가볍게 거머쥘 수준 아니었을까요? 토끼의 목소리는 점점 더 애절해지고, 수궁의 분위기는 어느새 숙연해집니다. 아니, 간을 나무에 메달아두었다느니, 간을 꺼내어 땅에 묻어두고 왔다는 도무지 말도 안 되는 궤변과 생존 본능에 연기력이 더해진 이야기가 묘하게 설득력을 얻습니다.

이쯤 되면 토생원을 내년 칸영화제 판소리 부문 남우주연상 후보로 강력히 추천해야 하지 않을까요? 외모는 육해공에 다 통하는 귀염 상에, 용왕까지 속여 넘길 수 있는 뛰어난 연기력, 위기의 순간에도 빛나는 순발력, 그리고 그 어떤 상황에서도 살아남을 생존 본능까지 완벽하게 갖췄으니 말이죠. 자, 이제 마지막 눈대목만 남았습니다.

배를 갈라 보옵소서,
'토끼 배 가르는 대목'

"네, 토끼 해박解縛 허라."

기적이 일어났습니다. 토끼의 말에 넘어간 용왕이 나졸들에게 분부하여, 토끼를 묶고 있던 오랏줄을 풀어주라고 명령을 내립니다.

토끼가 하는 말을 듣고 보니 일리가 있습니다. 육지에서도 토끼 간을 찾는 환자들이 줄을 잇는다고 하니, 약효는 확실한 것 같고, 그렇다면 굳이 지금 여기서 토끼 배를 가를 필요는 없다고 판단한 거죠. 그래서 용왕은 작전을 바꿉니다. '이놈을 당장 죽였다가 정말 간이 없으면 낭패니, 차라리 육지로 보내어 간을 가져오게 하자.' 그렇게 토끼는 또 한 번 죽음의 문턱에서 자신의 꾀와 엄청난 말발로 살아날 숨통을 틔웁니다.

이제, 판은 다시 토생원의 손에 넘어간 듯한데요. 곁에서 지켜보던 별주부가 애타게 다시 나섭니다. 지금 토끼가 말이 안 되는 거짓말을 한다며 충심으로 아뢰지만, 용왕은 이미 토끼 말에 완전히 넘어간 듯합니다. "술상 한 상 차려 오너라!" 용왕의 분부가 떨어집니다. 이어 토끼를 겁박했던 것을 사과하고, 산해진미와 귀한 술을 차려놓습니다. 잘 대접해서 육지로 보내겠다는 뜻이겠지요. 정말이지, 용왕을 속인 토생원의 지략이 감탄을 자아내는군요. 자, 일단 용궁에는 잔치가 벌어질 모양입니다. 함께 즐겨봅시다.

엇모리

왕자진王子晉의 봉피리,

곽처사郭處士 죽장구 쩌지렁쿵 정저쿵

석연자石連子 거문고 설그덩 둥덩덩,

장자방의 옥퉁수 띳띠루 띠루 띠루

해강의 해금이며

완적玩績으 휫파람

격타고 취용적吹龍笛

능파사凌波詞 보허사步虛詞 우의곡羽依曲

채련곡採蓮曲 곁드려서 노래헐제

낭자헌 풍악소리

수궁이 진동헌다

토끼도 신명내어

아니리

 앞발을 묏산자 뽄으로 딱 추켜 들더니 한번 놀아보겠다.

중중모리

앞내 버들은 청포장靑布帳 두르고

두시내 버들은 유록장柳綠帳 둘러

한가지는 찢어지고 또 한가지는 늘어저

춘비춘흥春飛春興을 못이기여

바람부는대로 물결치는대로

흔들흔들 흔들 흔들 흔들 흔들 노닐적에

어머니는 동이를 이고, 아버지는 노구를 지고

노고지리지리 노고지리 앞발을 번쩍

추켜들드니 촐랑촐랑이 노닌다.

　팔선녀와 풍악을 갖춘 궁중 잔치에 감동한 토생원, '촐랑촐
랑' 춤을 춥니다. 산해진미에 훌륭한 악사가 출연하여 전통악
기로 풍악을 울리는 화려한 궁중 잔치. 그야말로 수궁 최고의
환대지요. 이에 감동한 토생원은 실컷 먹고 마시고는 흥을 이

기지 못하고 '촐랑촐랑' 춤을 춥니다. 용왕의 신임까지 얻은 마당에, 이제 돌아갈 수 있다는 희망이 생겼으니, 어깨는 절로 들썩이고, 마음은 한껏 들떠 있군요. 생사의 갈림길에 섰던 토끼가 꾀와 연기로 분위기를 완전히 뒤바꿔 놓은 순간입니다.

김수연·왕기석 명창의 '토끼 배 가르는 대목'

용궁에서는 과연 어떤 별미가 나왔을까요? 그런데 어떤 음식이 차려졌는지는 사설에 나오지 않습니다. 대신 소리꾼의 관심은 확실히 다른 데 있었던 것 같습니다. 산해진미보다 그 잔치에서 어떤 예인들이 공연을 펼쳤는지에 더 집중했군요.

엇모리장단에 맞춰 이어지는 사설 대목에는 수많은 전통 악기 이름, 연주자, 그리고 악곡의 명칭이 마치 연주회 카탈로그 읽듯이 나열됩니다. 문제는 온통 한자투성이란 점! 무대에 등장한 예인들의 이름이나 악곡명이 대부분 한자로 적혀 있어, 우리 현대인에게는 조금 낯설게 느껴지기도 하지요. 그럼, 이 장면의 일부만 조금 풀어볼까요?

용궁 잔치의 흥을 돋우고자 가장 먼저 등장한 인물은 왕자진입니다. '왕자진의 봉피리'에서 왕자진은 주나라 영왕의 태자인 왕자교를 가리키죠. 그가 생전에 생황을 얼마나 잘 불었던지, 그 연주 소리는 마치 봉황 울음소리처럼 들렸다고 합니다.

그다음 등장하는 인물은 곽처사, 바로 당나라 무종 시기의 인물인 곽도원을 말합니다. 그가 연주한 악기는 죽장구, 혹은 질장구라고도 부르는데, 흙을 구워 만든 큰 놋그릇 모양의 장구입니다. 이 장구를 채로 두드리면 "쩌지렁 쿵 정 쿵" 하고 깊고 묵직한 울림을 느낄 수 있다는군요.

이어 등장하는 장자방은 한나라를 건국할 때 유방을 도와 큰 공을 세운 책사입니다. 그가 전쟁 중 옥퉁소를 슬프게 불었는데, 그 소리가 워낙 애잔하고 애절했던지, 적군인 항우의 병사들마저 마음이 무너져 내려 전의를 상실하고 흩어졌다는 이야기가 전해집니다.

그렇다면, 옥으로 만든 퉁소 소리는 과연 어땠을까요? 우리가 좋은 목소리를 두고 흔히 '옥쟁반에 옥구슬 굴러가는 소리'라고 하잖아요? 눈을 감고 상상해 보세요. "띳띠루 띠루 리루~~" 정말 곱고 맑은 소리가 귀에 들리는 것 같지요?

하지만, 이 대목에서 한 가지 아쉬운 점이 있습니다. 그것은 바로 용궁 잔치에 초청된 연주자들의 국적입니다. 〈수궁가〉는 조선시대에, 조선에서, 조선 사람이 창작한 판소리 작품인데, 정작 용궁 잔치에 등장하는 연주자들은 왕자진, 곽처사, 장자방처럼 중국 역사나 고전에서 유래한 인물입니다. 그렇다면 왜 조선의 음악인이 아닌, 이국의 고사 인물이 무대에 등장했을까요?

제 생각에는, 이것이 바로 〈수궁가〉가 지닌 우화성과 그 당대 청중, 특히 양반층의 취향을 반영한 결과가 아닐까 싶습니다. 당시 양반층은 한학에 능통했고, 중국 고전 인물에 익숙해서 이런 인물이 무대에 등장하면 자신만이 알 수 있다는 식의 지적 연대감을 느낄 수 있었을 겁니다.

이런 장치는 자연스럽게 식자층의 우월감을 자극하는 역할도 했겠지요. 또한, 이런 사설을 정리한 소리꾼이나 필사자, 또는 편찬자가 스스로 한학적 소양을 뽐내기 위한 장치로 중국 인물을 활용했을 가능성도 있겠지요. 당시 문화 콘텐츠에 흔히 스며들어 있던 사대주의적 정서와도 무관하지 않겠지요. 이런, 배가 산으로 가고 있군요.

방금 살펴본 엇모리장단에 얹은 사설, 용궁 잔치 장면은 사실 〈심청가〉에도 등장합니다. 둘 다 '용궁'이라는 신비롭고 특별한 장소에서 벌어지는 이야기다 보니, 비슷한 분위기와 장면 구성이 자연스럽게 이어진 거겠죠. 게다가 판소리는 예부터 소리꾼이 이야기와 대목을 자유롭게 바꾸고, 변화시켜 전승해 온 예술이기에, 한 바탕 소리의 재미있는 부분이나 멋진 장면은 다른 소리에서도 다시 쓰는 일이 흔했습니다. 요즘 말로 하면 '좋은 장면은 리메이크해서 또 쓰는' 셈이죠.

또 이 두 장면 모두 양반들이 좋아한 고사 인물과 한문 표현이 등장하는데, 이는 그 시대 관객의 취향을 반영한 것이라고 볼 수 있어요. 소리꾼은 관객이 즐길 수 있는 내용을 알고 있었고, 그런 점이 이런 장면의 공통점으로도 이어진 거죠.

자, 이제 이야기를 마무리할 시간입니다. 공연이 끝날 무렵, 용왕은 감동한 마음에 손수 술잔을 토생원에게 건넵니다. 그리고 정색하며 묻죠. "간을 가져오는 데 얼마나 걸리겠느냐?" 토끼는 기다렸다는 듯 재치 있게 대답합니다. "한달음에 다녀오겠사옵니다. 염려 마시옵소서." 용왕은 토끼 말만 믿고 흐뭇해하지만, 별주부만은 여전히 의심을 거두지 않습니다.

별주부가 나서서 간절한 마음으로 다시 용왕께 간언을 올리죠. "토끼란 놈이 본시 간사하옵니다. 한 번 놓아준 토끼를 어찌 다시 구하겠사옵니까? 부디 당장 배를 갈라 간이 있는지 확인해보시옵소서. 간이 있다면 다행이오나, 간이 없다면 소신의 구족을 멸하고 능지처참을 하셔도 여한이 없사옵니다."

이렇듯 목숨을 걸고 나선 별주부의 태도에 수궁 분위기는 다시 팽팽해지는군요. 이런 충신이 있어야 임금이 정세를 제대로 파악하고, 태평성대가 오는 법이지요. 하지만 토끼는 용왕의 마음이 흔들릴 틈을 주지 않겠다는 듯, 더 강한 방어막을 치며 외칩니다. "아뇨, 옛다! 배 갈라라! 똥밖에 든 거 없다! 내 배를 갈라 네가 직접 확인해 보아라!" 토끼가 긴장은커녕 오히려 당당하게 나오니, 역시 어리석은 용왕의 마음은 흔들림이 없네요. 역시, 토생원의 기지는 마지막 순간까지 빛났습니다.

"가자가자. 어서 가" 토끼가 자라 등에 다시 올라타며 흥에 겨운 목소리로 진양조장단에 맞춰 노래합니다. 그 소리는 마치 전쟁에서 승리한 장수가 개선가를 부르는 듯합니다. 휘리릭~! 물보라를 가르며 자라가 육지를 향해 헤엄치고, 드디어 토끼는 용궁 탈출에 성공합니다.

어라? 이게 웬일이죠?

「토끼 배 가르는 대목」이라더니, 정작 배는 안 가르고, 토끼가 무사히 탈출했네요. 제목이 잘못된 걸까요? 아닙니다! 토끼는 배 가를 위기에 처하지만, 기지를 발휘해 위기를 넘긴 결말이죠. 이처럼 의외의 반전이야말로 독자의 호기심을 자극하죠. 제목이 바로 미끼였던 셈이죠! 하핫.

집중해서 읽었다면? 네, 작전 성공입니다. 이쯤 되면, 이런 제목 센스, 조상님들의 재치 인정할 만하죠?

"폴짝! 껑충! 깡깡총!"

별주부 등에 올라타 있던 토끼가 날쌔게 튀어 오르더니, 허공을 세 번이나 튀고 땅에 사뿐히 착지합니다.

허허! 이건 그 말로만 듣던 남사당패 살판의 놀라운 공중돌기 퍼포먼스 아닌가요? 그러고는 돌아서서, "요런 거북 대령 같은 게! 내가 바보인 줄 알았냐!" 하며 별주부를 조롱하죠.

재치 있는 입담과 타고난 꾀로 위기를 벗어난 토끼, 이 장면은 말 그대로 '기지의 승리'를 극적으로 보여주는 순간입니다. 토끼의 기막힌 연기력과 꾀에 용궁은 완패했고, 별주부는 그 자리에 망연자실하게 서 있을 뿐입니다. 소리꾼이 이렇듯 〈수궁가〉를 끝맺으려 할 때, 객석에 있는 관객은 많은 생각을 하게 됩니다.

판소리 〈수궁가〉는 세상에 만연한 권력과 아첨, 충성과 기만, 생존의 아이러니를 노래합니다. 그래서 〈수궁가〉는 우화적으로 풀어낸 해학적인 판타지에 그치지 않고, 오늘을 사는 우리에게도 묵직한 질문을 던집니다. "나는 지금, 잘 살고 있는가? 혹여 내 스스로 당당하게 걷지 못하고, 어디로 가는 줄도 모르고 누구의 등에 올라타고 있는 건 아닌가?" 그리고 그 질문을 던지는 바로 이 순간, 〈수궁가〉 완창 판소리의 막이 내립니다. 하지만, 이야기는 끝나지 않았습니다. 이제, 그 이야기는 무대 너머 우리 삶 속에서 계속되고 있으니까요.

5장

적벽에 불을 질러라!

판소리 〈적벽가〉

송순섭 명창, 국가무형유산 판소리 〈적벽가〉 보유자

(자료제공: 국가유산청 무형유산기록관)

판소리 〈적벽가〉는 다섯 마당 중 유일하게 역사적 사건과 실존 인물을 바탕으로 만들어진 작품입니다. 〈적벽가〉는 가장 긴박하고 극적인 전투를 판소리 형식으로 풀어낸 작품으로, 전쟁이라는 소재, 강한 개성의 인물들, 빠른 장단과 웅장한 성음이 어우러져서 판소리 다섯 마당 가운데서도 가장 박진감 넘치는 분위기를 자아냅니다.

이야기의 무대는 조조, 유비, 손권이 삼분해 싸우던 삼국시대입니다. 먼저 유비, 관우, 장비가 도원에서 형제가 되기로 굳게 맹세하죠. 우리가 잘 아는 '도원결의'입니다. 그리고 유비가 제갈공명을 세 번이나 찾아가 모시는 장면도 나옵니다. 이른바 「삼고초려」인데, 이 대목은 유비 진영의 인물들이 얼마나 서로를 신뢰하고 의지했는지를 잘 보여줍니다.

적벽대전 하루 전날 「군사설움타령」이 흘러나오는데, 이 장면이 참 인상 깊습니다. 이름도 알려지지 않은 병사들이 얼마나 힘들고 억울한지, 피비린내 나는 전장을 누비며 가슴에 담아 왔던 이야기를 속속들이 털어놓는 대목이에요. 판소리 〈적벽가〉가 영웅들의 승리 이야기만 다루는 게 아니라, 이렇게 병사의 시선에서 전쟁을 바라본다는 점이 참 특별하지요.

그리고 드디어, 「적벽대전」이 펼쳐집니다. 제갈공명이 동남풍을 끌어오고, 불화살과 화선火船을 날려 조조의 수군을 불바다로 만들죠.

그 유명한 '화공火攻' 장면인데요. 소리의 장단과 성음이 어찌나 웅장하고 빠른지, 듣는 사람의 숨까지 따라서 빨라질 정도예요. 자진모리, 휘모리 같은 빠른 장단에, 소리꾼의 우렁찬 성음까지 더해져, 마치 우리가 전쟁터 한가운데 서 있는 것처럼 느낍니다.

전투는 결국 조조의 참패로 끝이 납니다. 그런데 여기서 또 하나의 명장면이 펼쳐져요. 조조를 붙잡을 절호의 기회를 얻은 관우가 과거 자신을 살려준 조조의 은혜를 잊지 않고 그냥 보내주는 겁니다. 「화용도」 대목이죠. 은혜를 잊지 않고 의리를 지킨 관우의 모습이 인상적이죠. 충성과 의리, 은혜와 원수 사이에서 갈등하는 인간의 내면이 잘 드러나는 장면입니다.

마지막에는 「새타령」이 이어지는데요, 전쟁이 끝난 뒤의 적막한 들판을 새들이 날아다니며 지저귀는 장면입니다. 사람들은 다 사라졌고, 남은 건 불탄 땅과 이름 없는 병사들의 희생뿐이지요. 소리꾼은 이 새소리를 통해, 전쟁의 허무함과 덧없음을 슬그머니 들려줍니다. 누가 이기고 누가 졌든, 결국 기억되는 건 살아남은 자의 고독과 잊힌 이들의 이름뿐이니까요.

판소리 〈적벽가〉는 제갈공명이나 조조 같은 전쟁 영웅을 찬양하는 영웅 서사가 아닙니다. 원작인 『삼국지연의』에서 이미 극적으로 각색된 이야기를 바탕으로 하되, 판소리는 여기에 또 한 번 변주를 더해 전쟁의 한복판에서 죽어가는 병사들의 시선과 허망한 승리의 이면, 권력의 민낯까지 들춰냅니다. 적벽의 불길 속에서 울부짖는 병사들의 모습은 단순한 패전 장면이 아니라, 죽음을 앞둔 민중의 절규처럼 들리기도 하지요.

흥미로운 점은 이 작품이 유독 양반층 사이에서 인기가 높았다는 사실입니다. 음악적으로도 〈적벽가〉는 빠르고 박진감 넘치는 자진모리장단과 휘모리장단, 우조의 힘찬 선율, 소리꾼의 장쾌한 성음을 통해 전쟁의 긴박함과 웅장함을 실감나게 전해줍니다.

특히 불길이 치솟고 화살이 쏟아지는 전쟁 장면에서는, 소리꾼이 펼치는 「적벽대전」을 통해 마치 실제 전쟁터 한가운데에 있는 듯한 함성과 외침이 들려오지요.

판소리 〈적벽가〉는 「삼고초려」-「장판교대전」-「군사설움타령」-「적벽대전」-「화용도」 등 크게 다섯 대목으로 구성되어 있어요. 물론, 판소리 전승 유파마다 대목 구성이 차이가 있다는 점, 이젠 잘 알고 있지요?

지금부터 박봉술제 〈적벽가〉 사설을 중심으로 「삼고초려」, 「군사설움타령」, 「적벽대전」 눈대목을 차례로 감상해 볼까요?

인재를 얻고자 하면, '삼고초려'

삼국지 하면 가장 먼저 무엇이 떠오르나요?

대략 '도원결의', '삼고초려', '적벽대전' 등이 떠오르지 않나요? 그중 '삼고초려'는 유비가 제갈공명을 책사로 얻기 위해 그의 초가집을 세 번이나 찾아갔다는 유명한 일화입니다. 이때 유비와 동행한 사람은 다름 아닌, '도원결의桃園結義'로 피를 나눈 의형제이자 평생의 전우 관우와 장비죠.

'도원결의'는 말 그대로 '복숭아밭에서 맺은 결의'라는 뜻입니다. 후한 말 황건적의 난으로 유주에서 의병을 모집했는데요. 평소 친분이 있던 장수인 관우와 장비, 후한의 황손인 유비가 의형제를 맺은 사건에서 비롯한 말입니다.

그런데 왜 하필 복숭아밭이었을까요? 복숭아밭이 단순한 배경이 아니라, 상징적 의미를 지닌 공간이라는 점에서 좀 흥미롭습니다. 장비의 집 뒤뜰에 있던 그 복숭아밭에서 유비와 관우, 장비가 도원결의를 맺었다는 설정은 복숭아의 상징성에서 찾을 수 있어요. 복숭아는 예로부터 '의리'와 '불로장생'을 상징했고, 복숭아꽃은 과실수 중에 가장 먼저 피는 꽃이죠. 봄에 가장 먼저 꽃을 피우는 복숭아, 이는 '새로운 시작'과 '운명의 전환점'이라는 이미지와도 맞물립니다. 유비 삼형제가 천하를 도모하며 대의명분으로 세상에 나아가는 출발점으로 도원보다 더 적합한 공간은 없겠지요.

그런데 이 이야기는 『삼국지』가 아닌, 나관중의 소설 『삼국지연의』에 등장하는 이야기입니다. 그러니 '도원결의'는 역사적 사실이라기보다는 극적인 서사 효과를 위해 창작한 일화로 보아야 합니다. 판소리 〈적벽가〉에서 '도원결의'를 채택한 것도 같은 맥락이겠지요?

이제 유비와 관우, 장비가 함께한 그 여정, 그리고 제갈공명을 세 번이나 찾아간 「삼고초려」의 서사 속으로 깊이 들어가 봅시다. 미리 말하자면, 이 「삼고초려」는 천하의 대의와 사람의 정성, 운명을 건 기다림이 응축된 과정이라 할 수 있습니다. 그만큼 험난하고도 감동적인 여정이 펼쳐지지요. 긴 이야기입니다. 자, 천천히 따라오세요. 지금부터 본격적으로 「삼고초려」 이야기를 시작합니다.

소리꾼이 들려주는 아래 아니리 사설을 보면, 유비에게 큰 힘이 되어준 책사가 제갈량 외에도 한 명 더 있다는 사실을 알 수 있습니다. 이들은 모두 수경 선생 사마휘의 문하에서 함께 학문을 닦은 동문이죠. 앞으로 펼쳐질 '유비-사마휘-서서-제갈량'의 인연 맺기 과정을 보면, 인생에서 사람을 만난다는 일이 얼마나 깊고 중요한 것인지 새삼 느끼게 됩니다. 소설 삼국지를 읽었으면 알다시피, 유비 입장에서 제갈량을 책사로 얻은 것은 분명 큰 행운이었지만, 제갈량 입장에선 유비를 만난 것이 최선의 인연이었다고 단정하긴 어려우니까요.

아니리

그때여 유관장은 삼인이 결심하야

한실漢室을 회복코저 적군과 분투허나

장중帳中에 모사 없어 주야로 한限헐 적에

뜻밖에 원직元直만나 공명孔明을 천거허되

전무후무 제갈공명諸葛孔明

와룡강臥龍岡의 복룡伏龍이요

초당에 깊이 묻혀 상통천문上通天文이요 하달지리下達地理

구궁팔괘九宮八卦 둔갑장신遁甲藏身 흉중胸中에 품었으니

긍만고지 인재이요 초인간의 철인이라

이렇듯 말을 허니 유현덕 반기 여겨 관장과 와룡강을 찾어갈 제 유비와 관우, 장비는 한나라를 다시 일으켜 세우겠다는 큰 뜻을 품고 도원결의를 맺었지만, 정작 천하의 판도를 뒤흔들 전략과 책략을 함께할 참모가 없어 늘 안타까웠습니다. 그러던 중 유비가 형주에서 사마휘를 만나지요. 그는 수경 선생으로 더 잘 알려진 인물로, 인재 발굴의 귀재라고 일컬었다죠. 그가 양성한 제자가 아주 많았는데요. 수제자를 꼽는다면 서서와 제갈량, 방통이 대표적인 인물이라고 할 수 있습니다.

그의 제자 중 서서를 책사로 맞게 된 유비는 그의 지략에 힘입어 조조군을 여러 차례 물리치며 큰 성과를 거두죠. 여기서 알 수 있듯이 유비의 첫 번째 책사는 지략가 중 한 명으로 서서이고, 그의 자字는 원직元直입니다.

위 사설에 원직이라는 인물이 나오지요? 네, 맞습니다. 바로 서서를 가리키는 또 다른 이름이죠. 그럼 서서라고 하지, 왜 소리꾼은 헷갈리게 원직이라고 했을까요? 자는 관혼상제 등의 관례를 행할 때 부모나 스승이 지어주는 이름입니다. 이후에는 본명 대신 자를 부르거나 호를 불렀지요. 참고로 서서의 본명은 서복이랍니다.

한편, 조조는 유비의 책사 서서만 제거하면 유비 진영이 곧 무너질 것으로 생각하고, 서서의 효심을 노려 모친의 필체를 위조한 편지로 서서를 허창으로 유인하죠. 효심뿐 아니라 충심이 깊은 서서는 유비에게 이렇게 말합니다. "제 후임으로 남양의 와룡 제갈량과 봉추 방통을 추천합니다." 그리고 며칠 후, 뜻밖에도 사마휘가 유비의 진영을 찾아옵니다. 그의 제자 서서를 만나러 왔다는데요. 서서는 이미 그곳을 떠난 후였죠.

유비는 예를 갖추어 인사한 후, 서서가 유비 진영을 떠나며 천거한 제갈량에 대해 조심스레 묻습니다. 이때 사마휘는 "서서야, 갈 테면 네 갈 길이나 갈 것이지, 공연히 제갈량을 끌어들여 복잡하게 만드는구나"라며 한참 뜸 들이더니 말하죠. "공명은 평소 자신을 관중과 악의에 비교하였소. 하지만 나는 차라리 강태공과 장자방에 견주고 싶소." 사마휘는 대문을 나서며 이렇게 덧붙입니다. "와룡이 비록 주군은 얻었으나, 그 때를 얻지 못하였도다. 애석하도다!"

여기서 또 새로운 인물들이 호명되었네요. 제갈량은 자신을 관중과 악의라는 사람에 비교했는데, 인재 발탁의 귀재 사마휘는 그의 제자 제갈공명이 강태공이나 장자방과 유사하다고 말합니다. 이 인물 4명과 관련한 서사를 모르면 도저히 이 말을 이해할 수 없습니다. 강태공이나 장자방 이름은 낯설지 않은데, 관중과 악의는 이름이 익숙지 않네요. 중요한 건 제갈량과 사마휘가 거론한 인물이 각각 다르다는 점이죠.

이렇듯, 소리꾼이 들려주는 '아니리' 대목을 통해 우리는 제갈량의 비범함과 잠재력을 확인했습니다. 제갈량 소개는 여기까지. 다음 등장인물 나와 주세요!

그리하여 유비(유현덕)는 마침내 마음을 굳힙니다. 제갈량을 얻는 것이 곧 천하를 얻는 길임을 깨닫고, 주저 없이 두 아우와 함께 길을 떠나지요. 수레에 예물을 가득 싣고 향한 곳은 남양 와룡강! 이렇게 해서, 훗날 '삼고초려'는 운명의 여정을 시작합니다.

진양조

당당헌 유현주劉賢主는 신장은 칠척오촌이요

얼굴은 관옥같고 자고기이自顧其耳허며 수수과슬手垂過膝 영웅이라

적로마상赤驢馬上에 앞서시고

그 뒤에 또 한 장군의 위인을 보니

신장은 구척이나 되고 봉의 눈 삼각수三角鬚 청룡도 비껴들고

적토마상에 뚜렷이 앉은 거동 운장위세가 분명허고

그 뒤에 또 한 사람의 위인을 보니 신장은 팔척이요

얼골이 검고 제비택 쌍고리 눈에

사모장창蛇矛長槍을 눈우에 번 듯 들고

세모마상細毛馬上에 당당히 높이 앉어

산악을 와그르르 무너낼 듯 세상을 모도 안하에 내려다 보니

익덕翼德 일시가 분명쿠나

이 때는 건안建安 12년 중춘仲春이라 와룡강을 당도허니

경개무궁景槪無窮 기이허구나.

5장. 적벽에 불을 질러라! 판소리 〈적벽가〉

(중략)

시문柴門에 다다라 문을 뚜다리며

"동자야 선생님 계옵시냐?"

'당당한 유현주'로 시작하는 대목에서는 소리꾼이 유비, 관우, 장비의 외모와 기상을 생생하게 묘사합니다. 사설만 잘 따라가면 그들이 어떤 사람들인지 눈앞에 그려지도록 아주 구체적으로 설명하지요. 제갈량과 함께 큰일을 도모하려는 이 세 인물의 영웅적 면모를 자세히 소개하려면 역시 느리고 장중한 진양조장단이 잘 어울리겠죠? 판소리에서는 남성 주인공을 묘사할 때 주로 '우조'를 사용하는데요. 이 우조의 활용은 말을 타고 길을 나서는 의형제의 모습을 더욱 품격 있고 당당한 인물로 만들어줍니다.

소리꾼이 묘사한 인물은 외모와 성격이 각기 다르지만, 나라를 세우겠다는 하나의 이상을 품고 의기투합한 영웅들이죠. 유비는 덕으로 세상을 품는 군주, 관우는 의와 충의의 상징인 무장의 귀감, 장비는 거침없는 기개와 용맹을 지닌 장수의 표상입니다.

덕망과 의리, 용맹까지 두루 갖춘 이 세 사람의 기상과 아우라가 느리고 장중한 진양조장단과 함께 우조 성음에 실려 흘러나오면, 청중은 저절로 "좋~지!", "얼씨구!" 같은 추임새를 쏟아내겠지요. 멋진 사람을 보면 눈이 저절로 돌아가는 이치라고 할까요?

아니리
동자童子 여짜오되,
"선생님께옵선 박릉博陵의 최주평과 영주潁州에 석광원,
여남汝南의 맹공위며
매일 서로 벗이 되어 강호에 배 띄워 선유船遊타가
임간林間에 바돌뒤러 나가신지 오래이다."
현덕이 이른 말이, 선생님이 오시거든 한종실 유황숙이 뵈오러 왔더라고 잊지말고 여쭈어라."
동자다려 부탁허고 신야新野로 돌아와
일삭一朔이 넘은 후에 두 번 다시 찾아가서도 못 뵈옵고
수삼삭數三朔 지낸 후에 현훈옥백玄纁玉帛으로 예물을 갖추고
관장과 삼고초려三顧草廬 찾아갈 제

드디어 유비 일행이 제갈량이 사는 양양에 당도한 모양이군요. 앞의 '당당한 유현주' 사설 끝부분에서 유비가 "얘야, 공명 선생이 지금 댁에 계시냐?"라고 물었지요. 그런데 아이의 입에선 실망스러운 답변이 돌아옵니다. 강호에 배를 띄워 절친 최주평, 석광원, 맹공위와 어울려 뱃놀이를 즐기다가 돌아와서,

산속으로 '바돌 뒤러'(바둑을 두러) 갔다고 합니다. 동자가 나열한 인물 3인은 서원직(서서)과 함께 사마휘 문하에서 동문수학한 친구들이죠. 사마휘의 증언에 따르면 공명이 이 4명과 가까이 지냈는데, 이들은 '순수하게 글공부에 정진했는데, 오로지 공명만은 천하의 흐름을 꿰뚫어 보는 능력을 지녔다'고 하죠.

자, 여기서 핵심은 공명이 절친들과 뱃놀이를 즐긴 후에 집에 돌아오긴 했는데, 다시 산중으로 들어가 버려서 지금 만날 수 없다는 겁니다.

공명을 '복룡'(숨어 있는 용)이라 일컫더니, 그가 때를 기다리며 친우들과 더불어 풍류를 제대로 즐기고 있군요. 저로서는 "매일 서로 벗이 되어 강호에 배 띄워 선유船遊타가" 대목이 여간 부럽지 않네요. 멀리서 벗이 찾아오니 한 가지 부러움이고, 강호에 배를 띄워 뱃놀이하는 풍류객의 삶은 또 다른 부러움이지요.

여기서 말하는 뱃놀이 '선유'를 살짝 다르게 풀어보면, '선유', 곧 도교에서 말하는 '신선놀음'이네요. 제갈공명이 와룡강의 초당에 칩거하며 즐기던 그 한가로운 풍류는 어쩌면 강태공이 낚싯대를 드리우며 때를 기다리던 모습과도 겹쳐 보입니다.

이렇듯 첫 번째 만남이 실패로 돌아가고 유비 일행은 '일삭一朔이 넘은 후', 그러니까 열흘 남짓 시간이 흐른 뒤에야 다시 공명의 거처를 방문합니다. 그 다음엔 '수삼삭數三朔', 즉 두세

달이 지나서야 정중한 예를 갖추어 와룡강의 초가집에 또다시 찾아가죠. 소설 삼국지에 따르면, 두 번째 방문 당시에는 함박눈이 소복이 쌓일 정도로 눈이 내렸다고 하지요. 공명은 부재 중이었고, 대신 공명의 동생과 형을 만납니다.

첫 번째 방문 때는 동자에게 유비가 자신의 이름만 남기고 돌아섰지만, 이번에는 직접 편지를 써서 공명의 형에게 전달해 달라 부탁합니다. 그만큼 절실해졌다는 뜻이겠지요. 그리고 마침내 세 번째 방문, 계절은 어느덧 봄으로 바뀌어 있습니다. 그러고 보면, 유비가 며칠 사이에 연달아 공명을 찾아간 것이 아니었군요.

만일 공명을 만나려고 매일 무작정 찾아가 문 앞을 지켰다면? 요즘 말로 하자면, 일종의 '스토킹'이라 할 수 있겠네요. 혹시라도 '열 번 찍어 안 넘어가는 나무 없다'는 속담에 기대어 그저 끈질기게 찾아갔다면? 일이 성사되기는커녕 공명의 마음을 완전히 닫아버리는 결과를 초래했을지도 모릅니다.

하지만 유비는 달랐습니다. 마음이 급하긴 했지만, 그 조급함을 앞세우지 않았지요. 첫 번째 방문에서 동자에게 "선생님이 오시거든, 한종실 유황숙이 뵈러 왔다고 잊지 말고 전해다오"라는 당부를 빼놓지 않았습니다. 일종의 기다림의 선언이죠. 이제는 '제갈량의 시간'이라고 생각한 거죠. 복룡이 세상 밖으로 나설 결심을 하기까지, 공명이 스스로 마음을 열 때까지 느긋이 기다렸는데요. 상대에 대한 존중과 자신이 품은 뜻에 대한 확신이 없었다면 결코 취할 수 없는 행동이었지요.

중모리

남양융중南陽隆中 당도하여 시문柴門을 두드리니

동자 나오거늘, "선생님 계옵시냐?"

동자 여짜오되, "초당草堂에 춘수春睡 깊어 계시나니다."

현덕이 반기 여겨 관우 장비를 문 밖에 세워두고

완완緩緩히 들어가니

소슬蕭瑟한 송죽성松竹聲과 청량淸亮한 풍경風磬 소리 초당草堂이

한적쿠나.

계하階下에 대시待時하고 기다려 서 있으되,

공명은 한와閑臥하여 아무 동정動靜이 없는지라.

드디어 공명과 유비의 운명적인 만남의 순간이 다가오고 있습니다. 세 번째 방문에서 마침내 공명이 집에 있다는 소식을 들은 유비. 마음 같아서는 자진모리장단으로 한달음에 달려가 곧장 그를 만나고 싶겠지요. 하지만 요동치는 심장을 애써 누르고, 품위를 갖춘 걸음걸이로 중모리장단에 맞추어 공명을 향해 걸음을 옮깁니다.

집안으로 들어서니 공명은 보이지 않고, 한적한 풍경소리만

들려옵니다. 공명은 한가롭게 낮잠을 즐기고 있다지요. 오랫
동안 아무 기척도 들리지 않습니다. 유비는 하릴없이 계단 아
래에 멈춰 섭니다. 자신이 서 있어야 할 자리를 계단 아래로 삼
은 현덕의 태도에서 책사를 얻고자 하는 절실함과 겸손이 느
껴집니다. 현덕은 그저 기다립니다. 공명이 나올 때까지.

중중모리

익덕이 성질을 급히 내어,

고리눈 부릅뜨고 검은 팔 뒤걷으며 고성대갈 왈高聲大喝日,

"아! 우리 가가哥哥는 한주漢主 금지옥엽金枝玉葉이라.

저만한 사람을 보랴하고 수차數次 수고를 하였거든,

요망妖妄을 피우고 누워 일어나지를 아니하니,

부러 거만倨慢하여이다."

검불을 단박 쓸어 쥐고, 끄르럼에 불을 들고 초당 앞으로 우루루루
루루 달려드니,

현덕이 깜짝 놀래 익덕의 손을 잡고,

"현제賢弟야, 현제야, 이런 법이 없느니라.

은왕성탕殷王成湯도 이윤伊尹을 삼빙三聘하고,

문왕文王도 여상呂尙을 보랴하고 위수渭水에 왕래하니,

삼고초려가 무엇이랴."

좋은 말로 경계警戒 후에, "

운장은 익덕 데리고 문 밖에 멀리 서 동정動靜을 기다려라.”

문밖에 서 있는 장비(익덕)와 관우(운장)는 조바심이 납니다. 반나절이 지났으니, 이쯤 되면 공명을 만나러 들어간 유비가 아우들을 불러 소개할 만도 한데요. 안에서는 아무 기척이 없고, 들려오는 건 그저 바람에 흔들리는 풍경 소리뿐. 일이 잘되고 있는 건지, 아니면 또 헛걸음이 된 건지, 답답한 마음에 하늘만 멍하니 바라보고 있습니다.

한참 기다려도 유비는 여전히 함흥차사. 결국 참다못한 장비가 중중모리장단으로 약간 빠르게 몰아가며 “고리눈 부릅뜨고 검은 팔 뒤걷으며 고성대갈” 성질을 부리기 시작합니다. 장비 성미야 익히 알고 있지만, 이쯤 되면 누구라도 속이 탈 만도 하지요? “아니, 우리 형님은 한실의 후손이고, 수차례 정중히 찾아왔거늘, 대접은커녕 낮잠을 자며 나와 보지도 않다니, 이게 무슨 거만입니까!” 장비는 검불을 거칠게 쓸어 쥐고 불을 지피더니, 불붙은 횃불을 휘두르며 초당 앞으로 거칠게 다가섭니다. 직설적이고 불같은 그의 성격이 고스란히 드러나는 순간입니다.

하지만 곰곰이 생각해 보면, 장비를 마냥 나무랄 수만은 없습니다. 당시 공명은 20대 중반의 청년, 반면 유비는 40대 중반의 한실 종친입니다. 장비 생각에 아무리 공명이 복룡이라

불린다지만, 스무 살이나 어린 청년이 연장자에게 예의 없이 처신하는 건, 유교적 이념에서 말하는 '장유유서'에 크게 어긋난 행동처럼 보였던 거죠.

당시 유비가 조조에게 패한 뒤 잠시 유표에게 몸을 의탁하고 있는 처지였지만, 장비는 그를 단지 패망한 군주가 아닌, 장차 천하를 제패할 대군으로 모시고 있었으니까요. 그런 군주를 홀대한다고 여긴 장비의 분노는 곧 주군을 향한 충심의 표현이었던 셈이지요. 그러니 불이라도 질러 공명을 깨우고 싶은 심정, 그 마음이 이해되지 않는 건 아닙니다.

그러나 아무리 진심이라 해도, 충정이 격정으로 치닫는 순간, 일을 크게 그르칠 수도 있는 법입니다. 이 같은 장비의 돌발적인 행동 역시 유비가 공들여 준비한 일을 자칫 수포로 만들 수 있는 위험한 상황이었지요.

그런데도 유비는 아우의 성정과 충정을 잘 알기에 흥분을 가라앉히도록 조용히 타이르며 설득합니다. "문왕이 강태공을 얻기 위해 스스로 세 번 찾아갔다 하오. 그에 비하면 '삼고초려' 쯤이야 대수겠는가. 조용히 가서 기다리세." 자신 또한 내심 조바심이 나면서도 유비는 끝까지 인내하며 공명이 마음을 열기를 기다립니다. 책사를 얻고자 하는 그의 간절한 열망과 덕망이 잘 드러나는 대목입니다.

아니리

공명이 그제야 잠에 깨어 풍월지어 읊으는디

"초당에 춘수족春睡足하니 창외窓外 일지지日遲遲라.

대몽大夢을 수선교誰先覺요, 평생을 아자지我自知라."

동자 들어와 여짜오되 "전일 두 번 찾아왔던 유황숙이

밖에서 기다린 지가 거웃 반일이 되었나이다."

중모리

공명이 그제야 놀랜 체 하고 의관衣冠을 정제整齊한다.

머리에는 팔각八角 윤건綸巾, 몸에는 학창의鶴氅衣로다.

백우선白羽扇 손에 들고 당하에 내려와 현덕을 인도하여

예필좌정禮畢坐定 후後에,

공명이 눈을 들어 현덕의 기상을 보니, 수수粹秀한 영웅이요,

창업지주創業之主가 분명하고,

현덕도 눈을 들어 공명의 기상氣像을 보니, 신장은 팔 척이요,

얼굴은 관옥冠玉 같고, 밝은 기운이 미간眉間에 일어나니

만고영웅萬古英雄 기상이라.

현덕이 속으로 칭찬하며 공손히 앉아서 말을 한다.

　장비가 한바탕 소란을 피운 덕분일까요? 아니면 반나절 푹
낮잠을 즐겼으니 일어날 시간이 된 걸까요? 공명이 마침내 잠

에서 깨어 한가롭게 풍월을 읊고 있군요. 자기 혼자 태평합니다. 심부름하는 아이가 유비 방문 소식을 전하자, 공명은 '그제야 놀란 체하고' 자리에서 일어나 유비를 맞으러 나옵니다.

이런, '놀란 체'하는 대목에서 공명의 속마음이 드러납니다. 공명은 이미 잠에서 깨어 돌아가는 분위기를 파악하고 있었던 게 분명합니다. 일부러 누운 채 기척 없이, 유비의 태도를 살피고 있었던 것이지요.

공명 입장이 되고 보면 그럴 만도 합니다. 복룡이 드디어 기지개를 켜고 세상 밖으로 나설 때가 지금인가? 이 사람이 과연 내 인생을 걸고 뜻을 함께할 만한 인물인가?

그는 지금 인생의 갈림길에 서 있었고, 성급히 결론을 내릴 수는 없었을 겁니다. 복룡을 품어준 '와룡강을 떠날 결심'을 하기엔 아직 이르다고 판단했을 것입니다. 그래서 유비를 직접 만나 관상을 살피고, 말과 태도 속에서 성품을 가늠해 본 뒤, 비로소 이 인물이 자신과 뜻을 함께할 사람인지 마지막 판단을 내리려 한 것이지요.

유비가 초당으로 들어올 때, 그 걸음 속도와 무게, 조심스러운 발디딤 하나하나까지 헤아리고 있었겠죠. 초당에 누워 자신의 선택을 되새겼을지도 모릅니다. 얼른 만나보고 싶은 마음이 굴뚝같지만, 생각을 정리할 시간도 필요했을 테지요.

오랜 기다림의 끝. 마침내 '맞선'입니다. 두 영웅호걸의 첫 대면. 이 장면은 세상을 바꾸려는 자와, 그 뜻을 함께할 사람의 운명이 교차하는 역사적 전환점이 되는 순간이지요.

두 사람은 서로를 찬찬히 바라보고 생각합니다. 공명은 유비의 풍채와 인상을 살피고는 속으로 이렇게 평합니다. "수수한 영웅이요, 창업지주로다." 겉치레는 없지만 기품 있고, 천하를 도모할 만한 인물이라 여긴 것이지요.

한편, 유비 역시 공명을 마주하고 마음속으로 감탄합니다. "이 사람, 만고영웅의 기상이다." 이렇듯, 단 한 번의 눈 맞춤과 기척만으로도 서로의 그릇과 기상을 알아본 두 사람. 이제 일사천리로 일이 진행될 모양샙니다. 소리꾼이 담담하게 풀어내는 '아니리'를 들어볼까요?

아니리

"선생님을 뵈옵고저 세 번 찾아온 뜻은 다름이 아니오라,

한실漢室이 경복傾覆하고, 간신이 농권弄權하와,

종묘사직宗廟社稷이 망재조석亡在朝夕이라.

사직社稷이 처량하고 불쌍한 게 창생蒼生이라.

원컨대 선생께옵서는 유비와 백성을 아끼시어

출산상조出山上朝하사이다."

공명이 대답하되, "신臣은 본래 지식이 천박淺薄하여,

포의야부布衣野夫로 남양 땅에서 춘풍세우春風細雨 밭이나 갈고,

풍월風月이나 지어 읊을지언정, 국가 대사를 내 어찌 아오리까?

낭설浪說을 들으시고 존가尊駕 허행虛行하였나이다.”

굳이 사양 마다하니, 현덕이 하릴없어,

진양조

서안書案을 탕탕 두드리며,

“여보 선생, 듣조시오. 천하대세天下大勢가 날로 기울어져서

조적曹賊이 협천자이령제후挾天子而令諸侯를 하니,

사백 년 한실漢室 운이 일조일석一朝一夕에 있삽거든,

선생은 청렴清廉한 본을 받어

세상 공명功名을 부운浮雲으로 생각하니,

억조창생億兆蒼生을 뉘 건지리까?” 말을 마치고,

두 눈에 눈물이 듣거니 맺거니 방울방울 떨어지고,

가슴을 두드려 복통단장腹痛斷腸 울음을 우니,

용의 음성이 와룡강臥龍岡을 진동한 듯, 뉘라 아니 감동하리.

　먼저 유비가 간절한 마음을 담아 완곡하게 청합니다. “기울어가는 한나라를 바로 세우고, 고통받는 백성을 구하고자 하니 부디 선생의 지혜를 보태 주시지요.” 하지만 공명은 손사래를 칩니다. “저는 그저 밭이나 갈고 풍월이나 읊는 시골 사람에 지나지 않습니다. 그런 제가 어찌 감히 나랏일을 논하겠습니

까. 어디서 뜬소문을 들으시고 헛걸음하셨군요" 이렇듯 조심스럽게 한발 물러서는 공명. 허허, 드디어 밀고 당기는 '밀당'이 시작되는 걸까요? 아직은 솥뚜껑을 열 때가 아니란 듯, 공명은 또 한 번 뜸을 들이는군요.

　다음 '서안을 탕탕' 대목에서 결국 유비는 더는 말을 아끼지 않습니다. 아주 느린 진양조장단에 비장미를 담아 눈물로 호소하며 간청합니다. "천하의 형세가 날로 기울고, 조조가 황제를 끼고 제후를 호령하니, 400년 이어온 한나라의 운명이 하루아침에 꺼질지 모르는 상황입니다. 선생께서는 세속의 명예를 뜬구름처럼 여기고 청렴한 삶을 지키고 있다면, 저 가엾은 백성은 누가 구하겠습니까?" 말을 마친 유비는 울음을 삼키고 가슴을 치며 통곡합니다. 유비의 호소가 얼마나 처절하게 들렸는지 마침내 복룡이 마음을 굳힙니다. 유비 승!

아니리

두 눈에 눈물이 떨어져 양 소매를 적시거날

공명이 감동하야 가기로 허락한 후 벽상壁上을 가리키며

"이건 형주지도荊州地圖요, 저것은 서천西川 사십일주四十一州라

현주賢主께옵선 이 지도로 근본을 삼아 형주병荊州兵을 일으켜

양양襄陽에 나가고

서천병을 일으켜 기산祁山으로 나가면 중원은 가히 회복될 것이요

중원만 회복된다면 강동은 자연 황숙의 휘하麾下로 돌아오리다"

현덕이 듣고 좋아라고

"선생의 말씀을 듣고보니

운무雲霧를 헤치고 일월을 대하는 듯 하나이다."

현덕이 형주지도와 서천 사십일주로 기업基業을 삼은 후

관우 장비를 불러 공명과 상면시킨 뒤에 예단禮單을 올려

그날밤 사인四人이 초당에서 유숙허고 이튿날 길을 떠날 적에

공명이 아우 균均을 불러

"내 유황숙에게 삼고지은혜三顧之恩惠를 갚으려고 세상에 출세허니

너는 부디 송학松鶴을 잘 가꾸고 학업을 잃지 말라"

신신이 부탁허고 사륜거四輪車에 높이 앉어

최승희, 성우향, 박송희 명창의 '삼고초려' (박봉술제)

「삼고초려」의 완결편은 소리꾼이 친절하게 들려주는 '아니리'에 있습니다. 공명은 이미 유비와 함께할 준비를 마쳤다는 듯, 곧바로 본격적인 작전에 돌입합니다. "이것이 형주 지도이고, 저것은 서천 사십일주의 형세입니다. 이 지도를 근본으로 형주 군사를 일으켜 양양으로 나아가고, 서천의 병력을 모아

기산으로 향한다면 중원을 회복할 수 있을 것입니다. 중원만 되찾는다면 강동 또한 자연스레 따르게 될 것입니다." 와우! 역시 복룡입니다. 첫 만남에서 유비에게 확실한 로드맵을 제시하는군요.

이 말을 들은 유비는 마치 짙은 운무가 걷히고 밝은 해와 달을 마주하는 듯 벅찬 감동에 사로잡히죠. 유비는 마침내 공명과 함께 뜻을 모으고, 아우들을 불러 이제는 책사로 모실 공명에게 정중히 소개합니다. 그날 밤, 4명은 초당에서 나란히 묵고, 다음 날 함께 대업의 길로 나서지요.

드디어 「삼고초려」가 완성되었습니다. 먼 훗날의 후일담을 소개하자면, 유비와 제갈량의 정이 날로 깊어져 유비가 아우들보다 더 공명을 신임하고 가까이 지내자, 관우와 장비가 유비에게 불쾌한 기색을 보였다고 합니다. 이때 유비가 아우들을 다독이며, "내가 공명을 얻은 것은 물고기가 물을 만난 것과 같다"라고 말했답니다. 유비가 공명과의 관계를 '수어지교 水魚之交'라 표현한 데는 깊은 뜻이 담겨 있습니다. 물고기가 물없이 살 수 없듯, 유비와 공명은 이제 서로 없어서는 안 될 존재가 되었던 것이지요. 그들이 책사와 주군의 관계를 넘어, 마음과 뜻을 함께하는 진정한 동반자로서 관계를 구축했다고 볼 수 있습니다.

이렇듯 「삼고초려」는 단지 인내심을 가지고 끈질기게 찾아가서 결국 목적을 이뤘다는 단순한 성공담을 이야기하지 않습니다. 사람을 보는 안목과 목적을 이루는 데 있어서 '과정'의 의미, 그 과정에 담긴 배려와 진심의 가치를 강조하고 있습니다. '삼고초려' 일화를 통해 나에게 소중한 사람일수록 상대를 존중하고 기다릴 줄 아는 마음, 그것이 진정한 설득의 힘이고 마음을 여는 열쇠라는 것을 다시금 되새기게 됩니다.

자! 지금까지 우리는 유비가 진정성 있게 다가가 완성한 「삼고초려」 과정을 감격적으로 지켜보았습니다. 이후 이야기는 어떻게 전개될까요?

5장. 적벽에 불을 질러라! 판소리 〈적벽가〉

윤진철 명창, 국가무형유산 판소리 〈적벽가〉 보유자. (본인 제공)

최후의 만찬장을 뒤흔든
'군사설움타령'

판소리 〈적벽가〉 중 「군사설움타령」은 『삼국지연의』에는 등장하지 않는 판소리에서 창작한 독창적 대목입니다. 오직 〈적벽가〉에서만 들을 수 있는 특별한 장면으로, 적벽대전을 하루 앞두고 조조 진영의 병사들이 저마다 설움을 토로하는 장면을 담고 있습니다.

이 대목은 병사들의 심리를 섬세하게 풀어낸 서정적인 장면으로, 창본과 유파에 따라 구성은 다르지만 대체로 〈부모 생각〉, 〈자식 생각〉, 〈아내 생각〉, 〈위국자爲國者 불고가不顧家〉 등이 공통적인 대목입니다.

'설움'이란 무엇일까요? 국어사전을 찾아보면, 설움은 '서럽게 느껴지는 마음'이라고 합니다. 사람이 느끼는 희노애락 중

5장. 적벽에 불을 질러라! 판소리 〈적벽가〉

'애긍'에 가까운 감정으로 개인이 '서럽게 느끼는'데 방점이 있군요. 사람마다 느낌의 포인트가 다르니, 개인의 상황과 경험에 따라 설움의 유형이 다양하겠지요? 살아가면서 누구나 한 번쯤은 설움에 북받친 경험이 있을 것입니다. '과부 설움은 홀아비가 안다'는 속담처럼, 설움이란 겪어보지 않으면 알 수 없는 감정입니다. 사실 내 설움은 내가 제일 잘 알죠.

'최후의 만찬'이 될 자리에는 산해진미까진 아니지만, 제법 향기로운 술과 고기가 가득한데요. 병사들은 잔칫날 느낌처럼 들뜨기보단 서러운 감정에 휩싸여 있는 듯합니다. 어쩌면 이것이 마지막이 될지도 모를 만찬이라는 예감이 들었을까요? 어느덧 술이 한 순배 돌아가자, 조조 군사들이 제각기 떠나온 고향과 가족을 떠올리며 눈시울을 붉히고 있군요.

「군사설움타령」은 바로 이런 장면입니다. 조조가 군사들을 격려하려고 베푼 연회 자리에서 병사들은 기쁨보다 깊은 설움에 잠깁니다. 그들이 목 놓아 토해내는 노래는 단순한 투덜거림이나 푸념이 아닙니다. 그것은 전쟁 영웅들의 빛나는 서사 뒤편에 가려진 이름 없는 병사들의 절절한 이야기죠. 판소리 〈적벽가〉는 이 대목을 통해 영웅 중심의 서사를 넘어서, 전쟁에 동원된 인간 군상의 고통과 감정에 깊이 주목하고 있습니다.

때는 음력 11월 보름 무렵, 맹추위가 몰아치는 한겨울. 적벽강에는 조조(조맹덕)의 백만 대군이 진을 치고 있고, 병사들은 겉으론 승리에 취한 듯 술과 고기를 다투며 흥청거리는 듯하지만, 그 속엔 말 못 할 불안과 외로움, 서러운 감정이 켜켜이 쌓여 있습니다. 성대한 잔칫상을 앞에 두고도 하나둘 신세 한탄하며 설움을 쏟아내는 이 장면, 바로 「군사설움타령」의 배경입니다.

전쟁을 앞둔 병사들의 심정을 섬세하게 포착한 이 대목은 삶과 죽음의 경계에서 고향을 그리워하며 부르는 한 편의 애가哀歌와도 같습니다. 이제, 병사들의 그 애틋한 마음이 녹아든 노래, 「군사설움타령」 속으로 함께 들어가 볼까요?

중모리

노래 불러 춤도 추고 설움겨워 곡허는 놈

이야기로 히히하하 웃는 놈

투전鬪錢허다가 다투는 놈

반취중에 욕허는 놈

진취중에 토허는 놈

잠에 지쳐 서서 자다 창끝에다 택 꿰인 놈

처처 많은 군병중에 병루즉장위불행兵淚則將爲不幸이라

장하帳下의 한 군사 벙치 벗어 손에 들고

여광여취如狂如醉 실성발광失性發狂 그저 퍼버리고 울음을 우니

5장. 적벽에 불을 질러라! 판소리 〈적벽가〉

위의 중모리장단은 대전을 앞둔 병사들의 다층적인 감정과 혼란스러운 분위기가 묘사되어 있습니다. 술에 취해 노래를 부르고 춤을 추며 일시적인 흥겨움에 젖는 이도 있지만, 그 속에서 설움을 이기지 못해 목 놓아 우는 이도 있군요. 그 난리통에도 투전하다 싸우는 사람도 있고, 술을 얼마나 마셨는지 반쯤 취해 욕설을 퍼붓는 이도 있습니다. 어떤 병사는 진탕 취한 채 토하고, 잠에 지쳐 서서 자다 창끝에 찔리는 병사도 보입니다.

　이처럼 전쟁터라는 특수한 공간에서 병사들은 인간적 본능을 여과 없이 보입니다. 복잡한 감정의 총체가 한 장면에 응축된 것이지요. 소리 대목 중 '병루즉장위불행兵淚則將爲不幸'은 병사가 눈물을 흘리면 장수로서는 불행이라는 뜻으로, 병사 개개인의 감정이 곧 장수의 책임이고 전쟁의 위기로 직결된다는 인식을 드러냅니다.

　장막 아래 한 병사는 갑자기 벙거지를 벗어 손에 들고 울며 통곡합니다. 미친 듯 취한 듯 정신을 잃은 채 설움을 폭발시키는 이 장면은 전쟁 서사의 중심에 자리하지 못한 이름 없는 병사들의 실존을 강하게 환기하는 순간입니다. 이것이 바로 판소리 〈적벽가〉가 가진 인간 중심의 시선이며, 「군사설움타령」이 빛나는 이유이기도 합니다.

한 군사 내다르며

"아나 이얘 승상丞相은 지금 대군을 거나리고

천리전장千里戰場을 나오시여

승부가 미결되여 천하대사를 바래는디

왜 요망妖妄스럽게 울음은 우느냐.

우지마고 이리 오니라 나하고 술이나 먹고 노자."

저 군사 연然하여 왈曰

"네 말도 옳다마는 내의 설움을 들어봐라."

조조가 처음 전쟁을 일으킬 때 백만 대군으로 시작했으니, 그중 상당수가 강제로 끌려왔겠지요. 죽음의 그림자가 드리운 적벽대전 전야. 군사들이 일제히 떠나온 고향, 부모님과 아내, 자식, 그리고 사랑하는 이를 떠올리며 설움타령을 부릅니다.

진양조

고당상高堂上 학발양친鶴髮兩親 배별拜別헌 지가 몇 날이나 되며

부혜父兮여 생아生我시고 모혜母兮여 육아育我시니

욕보기은慾報其恩인댄 호천망극昊天罔極이로구나.

화목허던 절내권당節內眷黨 규중의 홍안처자紅顔妻子

천리전장에다가 나를 보내고

오날이나 소식이 올거나 내일이나 기별이 올거나

기두리고 바래다가

서산의 해는 기울어지니 출문망出門望이 몇 번이며

바람불고 비죽죽 오난디 의려지망倚閭之望이 몇 번이나 되며

소중蘇中의 홍안거래鴻雁去來 편지를 뉘 전허며

상사곡相思曲 단장회斷腸懷는 주야수심晝夜愁心이 맺혔구나.

조총환도鳥銃還刀를 들어메고 육전수심陸戰水戰을 섞어 힐 적에

생사가 조석이로구나.

만일 객사를 허거드면 게 뉘랴서 안장安葬을 허며

골폭사장骨曝沙場이 희여져서 오연烏鳶의 밥이 된들

뉘랴 손뼉을 뚜다리며 날려 줄 이가 뉘 있드란 말이냐.

일일사친一日思親 십이시十二時구나.

이 순간 군사들이 제일 먼저 떠올린 이는 바로 부모님이었습니다. 효심 깊은 한 병사가 나서서 '부모 생각'을 펼쳐놓습니다. 그는 흰머리 휘날리던 연로한 아버지와 어머니를 떠나온 날이 얼마나 지났는지 손꼽아 헤아려 봅니다. 한 병사가 고향에서 보낸 일상을 떠올립니다. 평온하던 고향집, 명절 때면 함께하던 친지들과 따뜻한 웃음을 나누던 시간이 주마등처럼 지나갑니다.

술잔을 손에 들고 흐느끼는 조조 군사. 전장에 나선 지 오래

도록 아무 소식이 없으니, 가족은 날마다 문밖에 서서 소식을 기다리겠지요. 혹여 무슨 변고는 없는지, 애타게 문밖을 서성이실 부모님. 부모님의 은혜는 하늘처럼 넓고 끝이 없어 감히 다 갚을 수 없으니 그저 눈시울을 붉힙니다.

전쟁이란 것이 하루하루가 생사의 갈림길이니, 효심이 지극한 이 병사가 무사히 고향으로 돌아갈 수 있을지 아무도 모릅니다. 병사는 한시도 부모를 잊은 적이 없습니다. 그의 깊은 효심이 과연 고향에 계신 부모님께 가 닿을 수 있을까요. 그렇게 된다면, 이 병사의 마음도 조금은 위로받을 수 있을 텐데요.

아니리

이렇듯이 설리우니 또 한 군사 내다르며

"아나 이얘 부모 생각 네 설움은 성효지심誠孝之心이 기특허다.

전장에 나와서도 효성이 지극헌 것 뿐께 너는 안 죽고 살아 가겄다."

그 중에 또 한 군사 나서면서

중중모리

여봐라 군사들아 니 내 설움을 들어라 너희 내 설움을 들어봐라.

나는 남에 오대 독신으로 열일곱에 장가들어

근 오십 장근將近토록 슬하일점혈육이 없어 매일 부부 한탄 했다.

우리집 마누래가 왼갖 공을 다 드릴제

명산대찰 영신당靈神堂 고묘총상古廟叢祀 석왕사釋王寺

석불보살 미륵님

노구마지 집짓기와 칠성불공 나한불공羅漢佛供 백일산제

신중마지神衆摩旨 가사시주袈裟施主 인등시주引燈施主

다리 권선勸善 길닦기,

집에 들어있는 날은 성주조왕成主竈王 당산천룡堂山天龍 성주

중천군웅衆天群雄의 지신제地神祭를 지극 정성 드리니

공든 탑 무너지며 심든 남기가 꺾어지랴

그 달부터 태기있어

석부정부좌席不正不坐허고 할부정불식割不正不食허고

이불청음성耳不聽淫聲 목불시악색目不視惡色하야

십삭十朔이 점점 차드니 하루난 해복기미解腹幾微가 있든가 보더라.

아이고 배야 아이고 허리야 아이고 다리야 혼미昏迷중에 탄생허니

딸이라도 반가울디 아들을 낳었구나.

열손에다 떠받들어 땅에 뉘일 날이 전혀 없이

삼칠일이 다 지내고 오륙삭 넘어가니

방바닥에 살이 올라 터덕터덕 노는 양 빵긋 웃는양

엄마 아빠 어루며 주야 사랑 애정愛情헌게 자식밖에 또 있느냐.

뜻밖에 급한 난리 위국魏國땅

백성들아 적벽으로 싸움가자 나오너라.

외난소리 아니 올 수가 없든구나.

사당문 열어놓고 통곡재배痛哭再拜 하직헌 후 간간헌 어린 자식

유정헌 가솔家率 얼굴 안고 누워 등 치며

부디 이 자식을 잘 길러 나의 후사를 전해주오.

생이별 하직허고 전장에를 나왔으나 언제나 내가 다시 돌아가

그립든 자식을 품안에 안고 아가 응아 어루어 볼거나

아이고 아이고 내 일이야.

이렇듯 부모 생각에 눈물짓는 병사의 이야기를 듣던 중, 또 한 사람이 나섭니다. 이번엔 '자식 생각'에 북받쳐 오른 가슴을 쥐어뜯으며, 한 병사가 탄식하며 입을 엽니다.

그는 열일곱에 장가들어 오십 평생 자식 하나 없이 살다가 뒤늦게 아이를, 그것도 대를 이어줄 아들을 얻었답니다. 그의 아내는 자식을 얻기 위해 무속부터 불교, 도교, 민간 신앙에 이르기까지 온갖 정성을 다 바쳐 기도를 올렸다고 합니다.

오십 평생, 남들은 손주를 볼 나이에 어렵게 얻은 자식이니 그 애틋함이야 오죽했을까요. 그는 칭얼대는 아기를 양손으로 살포시 받쳐 안고 "덩기덩기", "불아불아" 하고 유희요를 부르며 "까르르~" 아기의 웃음을 이끌어냈겠지요. 때로는 아기 얼굴을 가슴팍에 살며시 묻고는, 아기가 잠들 때까지 "금자동아 은자동아, 금을 준들 너를 살까, 은을 준들 너를 살까" 하며 자장가를 불러주었지요.

"적벽으로 집결하라!"는 소리에 그는 아내에게 "부디 이 아이를 잘 길러 내 혈통을 이어주오"라며 당부합니다. 그리고 사당 앞에 무릎 꿇고 눈물로 조상님께 절을 올린 뒤 전쟁터로 향합니다. 전장에서 살아남아 사랑하는 아내와 아들을 다시 볼 수 있을지, 한 치 앞을 알 수 없는 암울한 현실. 그는 무너져 버립니다. 그리고 흐느낍니다. "아이고, 아이고, 내 일이야……"

중모리

니 내 설움 들어봐라.

나는 부모님을 조실早失허고 일가친척 바이없어

혈혈단신 이 내 몸이 이성지합二姓之合

우리 아내 얼굴도 어여쁘고 행실도 조촐하야

종가대사宗家大事 탁신안정托身安定 일시 떠날 뜻이 바이없어

철 가는 줄 모를 적에

불화평 일어나며 위국땅 백성들아 적벽赤壁으로 싸움가자.

천아성 외난 소리 족불리지足不履地 나를 끌어내니

아니 올 수 없든구나.

군복 입고 전립戰笠을 쓰고 창대 끌고 나올 적에

우리 아내 내 거동을 보더니 버선발로 우루루루 달려들어

나를 안고 엎더지며

"날 죽이고 가오 살려두고는 못가리다.

이팔홍안二八紅顔 젊은 년을 나 혼자만 띠여두고 전장을 가랴시오."

내 마음이 어찌 되겠느냐 우리 마누래를 달래랄 제

"'허허 마누라 우지마오.

장부가 세상을 태어났다 전쟁출세戰爭出世를 못허고 죽으면

장부절개丈夫節槪가 아니라고 허니 우지 말라면 우지마오."

달래어도 아니 듣고 화를 내도 아니 듣든구나.

잡었던 손길을 에후리쳐 떨치고 전장을 나왔으나

일부지전쟁日復之戰爭은 불식不息이라 살어가기 꾀를 낸들

동서남북으로 수직守直허니

함정陷穽에 든 범이 되고 그물에 걸린 내가 고기로구나.

어느 때나 고향을 가서 그립든 마누라 손을 잡고

만단정회萬端情懷 풀어 볼거나 아이고 아이고!

울음을 우니

윤진철 명창의 '군사설움타령'(아내생각)

음으로 이어지는 설움은, 어여쁜 새색시를 집에 두고 온 병
사의 '아내 생각'입니다. 그가 풀어놓는 이 이야기 또한 눈물
없이 듣기 어렵습니다.

　　　　　　　　　　　　　5장. 적벽에 불을 질러라! 판소리 〈적벽가〉

어린 시절 부모를 여읜 그는 의지할 친척 하나 없이 외롭게 살았습니다. 그런 그가 한 여인을 만나 아늑한 가정을 이루고, 생애 처음으로 안정감을 느낍니다. 아내는 고운 얼굴만큼이나 단정하고 정결한 성품을 지닌 사람이었죠. 그는 계절이 바뀌는 줄도 모를 만큼 가정이 주는 평화에 깊이 젖어 들었습니다.

'적벽으로 출정하라'는 국명이 떨어지자, 그는 발이 땅에 닿기도 전에 군대로 끌려가고 맙니다. 어쩔 수 없이 창을 들고 투구를 쓰며 집을 떠나려는 순간, 아내가 맨발로 달려 나와 그의 앞을 가로막습니다. "날 죽이고 가시오. 살려두고는 못 보내겠소." "젊은 나이에 나 혼자 두고 어찌 전장으로 떠나시오?" 울부짖는 아내 앞에서, 그의 마음은 얼마나 무너졌을까요?

그는 흐느끼는 아내에게 이렇게 말합니다. "장부가 세상에 태어나 전쟁에서 공도 세우지 못한 채 죽는다면, 그것은 장부의 절개가 아니오." 사내의 충정과 기개가 느껴지는 말이지만, 어쩌면 흔들리는 마음을 들키지 않으려는 마지막 자존심이었을지도 모릅니다.

그런데 전쟁은 좀처럼 끝날 기미가 없고 마침내 적벽대전을 앞두고 있습니다. 그는 피비린내가 진동하는 몹쓸 전쟁터에서 덫에 걸린 짐승처럼 발버둥치며 하루하루를 버텼는데, 큰 전투를 앞두고 생각하니 과연 살아 돌아가 아내를 다시 만날 수 있을지 걱정과 두려움이 엄습합니다.

이 장면은 앞선 '부모 생각', '자식 생각'과 마찬가지로 '가족'이라는 주제를 담고 있습니다. 사랑하는 가족을 뒤로한 채 전쟁터로 끌려온 병사들의 애환이 한자리에서 봇물 터지듯 쏟아지고 있군요. 이들의 탄식과 설움은 전쟁에 짓밟힌 민초의 삶과 무너진 일상에 대한 증언입니다. 동시에 그것을 회복하고자 하는 소박하면서도 간절한 그들의 바람이 담겨 있습니다.

한편, 음악적으로 주목할 점은 세 병사가 각각 '부모 생각', '자식 생각', '아내 생각'을 울며불며 토로하는 장면에서, 각기 다른 장단을 사용하여 이야기 흐름과 정서를 변주했다는 점입니다.

첫 번째 병사의 '부모 생각'은 느리고 서정적인 진양조장단으로 시작하고, 두 번째 병사의 '자식 생각'은 좀 빠른 템포의 중중모리장단으로 전환되며 긴박함과 격정을 드러냅니다. 마지막 '아내 생각'은 다시 중모리장단으로 템포를 약간 늦추어, 깊은 정서와 여운을 담아내며 이야기를 마무리합니다.

이렇듯 소리꾼이 각 설움 장면에서 장단 변화를 준 것은 같은 장단을 반복했을 때 느낄 수 있는 지루함을 피하려는 의도가 있을 것입니다. 정서적으로는 병사들이 품은 감정의 결을 섬세하게 드러내는 의도가 엿보입니다. 진양조장단은 느린 장단 특유의 안전성과 여백을 통해 부모에 대한 그리움과 효심의 깊이를 담담하면서도 절절하게 표현합니다.

이어지는 중중모리는 자식을 향한 애틋한 사랑과 전장에 끌려온 억울함, 울분이 한꺼번에 터져 나오는 듯한 느낌을 줍니다. 장단 빠르기만큼이나 감정이 함께 고조되는 것을 알 수 있죠. 마지막 중모리는 아내와의 이별 장면에서 복잡한 심경을 덤덤한 듯 담아내면서, 가슴 밑바닥에서 차오르는 슬픔과 절제를 보여줍니다.

이처럼 각기 다른 장단은 병사들이 품은 사랑과 슬픔, 체념과 희망의 감정을 입체적으로 구성하고, 이를 통해 소리의 서사를 한층 더 깊이 있게 만드는 기능을 하고 있습니다.

아니리

여러 군사 허는 말이 가속家屬이라 허는 것은

불가무자不可無字라 어쩔 수가 없느니라 네 설움을 울만허다

또 한군사가 나서는디 그 중에 키 작고 머리 크고 모구눈 주벅택에

쥐털수염 거사리고 작도만한 칼을 막 내두리며

만군중이 송신送神을 허게 말을 허겄다.

중중모리

이 놈 저 놈 말 듣거라 너희 울제 좀놈일다.

위국자爲國者 불고가不顧家라 옛글에도 일러 있고

남아하필연처자男兒何必戀妻子요 막향강촌莫向江村 노장년 허소

우리 몸이 군사되어 전장 나왔다가 공명도 못 이루고

속절없이 돌아가면 부끄럽지 않겠느냐.

이 내 심사 평생 한限이 요하삼척腰下三尺 드는 칼로

호나양진吳漢兩陣 장수 머리를 번뜻 땡그렁 비어 들고

창 끝에 높이 달아 개가성凱歌聲 부르면서

득승고得勝鼓 다녀온다 다녀와

전장 갔든 낭군이 살아를 오니 반갑네 이리 오오 이리 와

울며불며 반기헐 제 원근당遠近黨 기쁨을 보이면

그 아니 좋드란 말이냐 우지 말라면 우지마라".

김일구 명창의 '군사설움타령'.

위의 아니리를 보면 "체면 따윈 개나 주라'는 듯 퍼질러 앉아 통곡하는 병사에게 공감하는 이들이 많음을 알 수 있습니다. 차마 그 말을 입 밖에 내지 않았을 뿐, "나 또한 자네들과 같은 마음이라네. 고향에 계신 부모님, 사랑하는 아내와 자식들 생각에 밤잠을 설친다네"라며 술잔을 기울이는 병사도 분명 많았을 것입니다.

마지막으로 소개할 사연은 조금 결이 다릅니다. 앞에 등장한

병사들은 부모, 자식, 아내 생각에 통곡했는데, 그들과 사뭇 다른 모습이군요. 외모 또한 특이합니다. 그는 키가 작고 머리는 크며, 무디게 생긴 모구눈, 주벅턱, 쥐털수염까지 가진 투박한 인물이죠. 이러한 외모 표현은 곧 이어질 그의 거칠고 호방한 성격을 뒷받침하는 설정으로 보입니다.

이 병사는 좀 전의 병사들의 울음에 절대 공감할 수 없다는 듯 "이놈 저놈, 그만 좀 울어라!"라며 호통칩니다. 그는 사내로서 마땅히 국가를 위해 싸우는 것이 도리라며, 그만 울고 정신 차리라고 합니다. 그는 옛말에 "위국자 불고가爲國者 不顧家" 즉, "나라를 위하는 자는 집안을 돌보지 않는다"라는 말이 있다면서, 전장에 나선 남자는 처자식에 대한 미련을 떨쳐야 한다고 주장합니다. 또 "남아하필연처자男兒何必戀妻子" 즉, "사내 대장부가 어찌 아내와 자식에게 연연하랴"라는 말로 분위기를 전환하려 합니다. 그러면서 자신은 반드시 전장에서 적장의 머리를 베어 창끝에 매달고 승전가를 부르며 돌아가겠다고 포부를 밝힙니다.

백만 대군이라는 거대한 병력에는 수많은 병사의 각기 다른 사연과 감정이 존재합니다. 마지막에 등장한 이 병사처럼 나라를 위한 충성을 강조하며 자신을 희생하고자 하는 병사 또한 분명히 있었을 겁니다. 전쟁이라는 극한 상황에서 병사들의 다양한 목소리와 태도가 입체적으로 펼쳐지는 장면입니다.

"이놈 저놈, 그만 좀 울어라!"라며 호통치는 장면이나 고사성어와 도덕적 당위를 인용하는 태도는 남다른 충정이 드러납니다. 그는 국가의 위기를 막고자 자신을 단련한 믿음직한 군인의 전형일 수도 있고, 전공을 세워 입신양명을 꿈꾸는 지휘관 중 한 명일 수도 있습니다. 만일 그가 실제로 병사들을 이끄는 리더라면, 무거운 분위기를 전환해야 할 책임감을 느꼈겠지요.

조조가 마련한 이 '최후의 만찬'은 내일 죽음을 각오하고 싸울 병사들의 사기를 북돋우기 위한 자리였습니다. 그런데 병사들이 술에 취해 가족을 떠올리며 울며불며 통곡이 이어진다면, 순식간에 분위기가 초상집으로 변할 수 있겠지요. 바로 이때 구원투수가 등장한 거죠. 나약한 모습 집어치우고 내일 목숨 걸고 싸워서 "전공을 세우고 집으로 돌아가자!"라며 분위기를 추스르는 리더 말이죠. 누군가는 분위기를 전환하여 전열을 가다듬을 필요가 있겠지요. 어쩌면 이 병사는 이 역할을 자처했을지도 모릅니다.

「군사설움타령」 마무리는 이문구의 연작소설 『관촌수필』 중 '관촌수필 2. 화무십일花無十日'로 맺고자 합니다. 이 작품에는 6·25 전쟁 당시 피난길에 주인공의 집 문간방에 잠시 머물렀던 윤영감네 가족의 기구한 사연이 담겨 있습니다.

1·4 후퇴 때, 윤영감 부부가 외아들 학로와 함께 남쪽으로 피

난길을 떠납니다. 두 내외는 장가도 못 간 외아들을 군대에 빼앗기지 않기 위해 온갖 방법을 동원했습니다. 낮에는 아들을 가마니 속에 숨기고, 저녁이 되면 늙은 아버지가 지게에 그 가마니를 지고 이동했다지요. 늦은 나이에 어렵게 얻은 외아들이 스물여섯 살이 되도록 장가를 들지 못한 터라, 윤영감 부부의 유일한 소원은 아들이 장가들어 손주를 보는 것이었습니다. 다행히 그 꿈은 이뤄졌습니다. 전쟁 중 부모를 잃은 처녀와 혼인하였고, 귀한 아들도 낳았지요. 하지만 전쟁이 길어지면서 떠돌이 생활이 계속되자, 아들은 점점 성격이 포악해졌습니다. 아들은 병역기피를 위해 행여 누가 볼세라 이불을 뒤집어쓰고 '방구석에만 처박혀 두더지 시늉'을 했고, 해가 진 뒤에야 뒷간에 가서 볼일을 볼 수 있었지요.

어딘가 익숙한 사연 같지 않나요? 그렇습니다. 「군사설움타령」 중 두 번째 '자식 생각'이 떠오릅니다. 늦은 나이에 어렵게 얻은 외아들을 지키기 위해 애쓰는 윤영감 부부의 모습은, 전장에서 통곡하던 병사의 사연과 묘하게 닮아있습니다.

전장에 끌려 나와 설움을 토해내던 병사는 '오십 평생 자식 하나 없이 살다가 뒤늦게 얻은 아이'를 그리워합니다. 윤영감은 '단산할 나이에 얻은 외아들'을 전쟁터에 보내지 않으려고 스물여섯 청년의 무게를 견디며 지게에 짊어지고 밤길을 걸었습니다. 병사가 가슴에 품은 그 외아들과 가마니에 담아서 지게에 짊어진 윤영감의 외아들. 그들의 존재는 세대와 시대는 다르지만, 그 의미는 동일합니다. '전쟁의 광기'에 자식을 빼앗기지 않으려는 부모의 마음, 변하지 않는 사랑입니다.

다른 한편으로, 춘추전국시대 조조의 병사와 1950년대 6·25 전쟁을 겪은 윤영감의 사연이 이토록 절묘하게 닮은 데는 또 다른 배경이 있는데요. 그것은 어느 시대든지 강제 징집 앞에서는 인권도, 그 어떤 소중한 가치도 쉽게 무너질 수 있다는 사실을 보여줍니다.

21세기인 지금도 러시아, 우크라이나, 이스라엘, 팔레스타인, 이란 등 여러 나라가 전쟁에 가담했습니다. 춘추전국시대의 재래식 무기 대신 최첨단 무기가 목숨을 위협하는 참혹한 전쟁터 한가운데서도, 병사들은 떠나온 고향과 부모, 자식, 아내, 친구들을 떠올리며 그들의 언어로 또 다른 「군사설움타령」을 부르고 있을지도 모릅니다.

"아이고 아이고 내 일이야."

5장. 적벽에 불을 질러라! 판소리 〈적벽가〉

김일구 명창, 국가무형유산 판소리 〈적벽가〉 보유자. (본인 제공)

동남풍아 불어라,
'적벽대전'

「적벽대전」은 판소리 〈적벽가〉의 정체성이 응축된 눈대목입니다. 복사꽃이 환하게 피어났던 유·관·장의 '도원결의'부터, 운명처럼 이뤄진 「삼고초려」의 새봄을 지나, 피비린내 진동하는 전쟁터를 누비며 수많은 생명을 지켜낸 군사들이 마주한 최후의 만찬. 전우들과 나눠 마신 술 몇 잔에 고이 담아두었던 고향과 가족 이야기를 꺼내놓고, 꺼이꺼이 통곡하던 그 겨울밤의 「군사설움타령」까지도, 결국은 모두 「적벽대전」을 향해 달려온 알리바이 같은 여정이었다고 감히 우겨봅니다.

적벽赤壁! 조조의 몰락을 예고하듯, 핏빛으로 물든 그 절벽! 양쯔강 일대의 붉은 절벽에서 조조의 100만 대군과 손권·유비의 10만 연합군이 마침내 맞붙습니다. 그리하여, 조조의 운명을 뒤바꾼 역사적 대회, 적벽대전의 서막이 올랐습니다.

맹추위도 녹여버릴 듯 활활 타오르는 모닥불 앞에 둘러앉아, 술잔을 기울이며 하룻밤 사이에 만리장성을 쌓은 듯 전우애로 똘똘 뭉친 조조의 백만 대군. 그 위세를 보면, 이 싸움의 끝을 쉽게 예측하기 어렵습니다. 하지만 유비에게는 삼고초려 끝에 얻은 지혜의 신, 제갈공명이 있었습니다. 그의 존재만으로도 이미 전세는 기울었죠.

공명은 조조의 배들을 쇠사슬로 엮어 한 덩어리로 만든 뒤, 동남풍이 불 때를 기다려 화공火攻작전을 펼칩니다. 순식간에 조조군의 배들이 불길에 휩싸이고, 조조와 그의 군사들은 퇴로를 찾아 줄행랑치는 장면이 펼쳐집니다.

적벽대전은 〈적벽가〉의 가장 핵심 눈대목인 만큼, 사설이 길고 구성이 방대합니다. 공연 시간도 상당히 오래 걸리죠. 전체 흐름은 '적벽 전투 시작-제갈공명의 화공-황개의 추격과 조조의 도주' 등 세 단계 구성으로 짜임새 있게 전개됩니다.

피비린내 풍기는 동남풍이 불자, 제갈공명의 화공이 시작되고, 조조 군사들이 몰살당하는 참혹한 장면부터 조조의 도주까지, 전투의 전 과정은 긴박한 자진모리장단에 실려 숨 가쁘게 전개됩니다. 전쟁터를 누비는 장수처럼 정신없이 몰아가는 소리꾼의 소리에, 고수가 "으이~", "꿍딱"으로 응수하며 긴장감을 더합니다. 두 사람의 호흡이 빚어내는 극적인 몰입감에

관객은 어느새 손에 땀을 쥐고, 정신을 차릴 틈도 없이 전장의
아비규환 속으로 빨려 들어갑니다.

1. 적벽 전투 시작
이 말이 지듯마듯 뜻밖의 살 한 개가
피르르르~문빙 맞아 떨어지(니)
황개 화선 이십 척 거화포 승기전과
때 때때 나발소리 두리둥둥 뇌고 치며

2. 화공火攻
좌우각선 부대가 동남풍에 배를 모아 불을 들고 달려들어
조조 백만 군병에다가 한 번을 불이 버썩 천지가 떠그르르르~
강산이 무너지고
두 번을 불이 버썩 우주가 바뀌는 듯
세 번을 불로 치니 화염이 충천 풍성(이) 우르르~

3. 조조군의 폭망
물결은 출렁, 전선 뒷둥, 돛대 와지끈
용총 활대 노사옥대 우비 삼판다리 족판행장 망어 각포대가
물에가 풍
기치 펄펄 장막 쪽쪽 화전 궁전 당파창과 깨어진 통노구 거말장

5장. 적벽에 불을 질러라! 판소리 〈적벽가〉

바람쇠 나발 큰북 징 꽹과리 웽그렁 쳉그렁 와그르르

철철철 산산이 깨어져서 풍파강상에 화광이 훨훨

수만전선이 간(디)없고 적벽강이 뒤끓(을제) 불빛이 난리가 아니냐

자진모리

4. 조조 군사의 떼죽음

가련할 손 백만 군병은 날도 뛰도 오도가도 오미락

꼼짝 딸싹 못허고 숨맥히고 기맥히고 살도 맞고

창에도 찔려 앉아 죽고 서서 죽고 웃다 울다 죽고

밟혀 죽고 맞아 죽고 애타 죽고 성내 죽고 덜렁거리다 죽고

복장 덜컥 살에 맞어 물에가 풍 빠져 죽고

바사져 죽고 찢어져 죽고 흉하게 가이없이 죽고

어이없이 죽고 우숩게 죽고 무섭게 눈빠져서 (혀)빠져 등터져

오사급사악사몰사허여 다리도 작신 부러져 죽고

죽어보느라고 죽고 무단히 죽고 함부로 덤부로 죽고

땍때그르르 궁굴다 아뿔사 낙상하야 가슴 쾅쾅 뚜다리며 죽고

이놈 제기 욕하며 죽고 꿈꾸다가 죽고 떡 큰놈 입에다 물고 죽고

한 놈은 주머니를 뿌시럭 뿌시럭 거리더니 마는

"워따 이 제기를 (칠) 놈들아 나는 이런 다급한 판에 먹고 죽을 라고

비상사서 넣드니라" 와삭와삭 깨물어 먹고 물에가 풍

또 한 놈은 돛대 끄트리로 뿍뿍뿍뿍뿍 올라가더니마는

"아이고 하느님 나는 삼대독자 외아들이요 제발 덕분의 살려주오."

빌다 물에 풍

또 한 놈은 뱃전으로 우루루 퉁퉁퉁퉁퉁 나가드니

고향을 바라보며 망배망곡으로

"아이고 아버지 어머니 나는 하릴없이 죽습니다.

언제 다시 또 뵈오리까" 빌다 물에가 풍, 버끔이 부그르르르르르

또 한 놈은 그 통에 지가 한가한 칠허고 시조 반장 빼다가 죽고

(직)사몰사 대해 수중 깊은 물에 사람을 모두 국수 풀 듯

더럭더럭 풀며

적극 조총 괴약통 남날개 도래송곳 독바늘

적벽 풍파에 떠나갈 적에

일등명장이 쓸디가 없고 날랜 장수도 무용이로구나.

전투가 시작되자, '화공'이 본격적으로 전개됩니다. 기다렸다는 듯 동남풍이 불어오고, 불화살이 날아듭니다. 쇠사슬로 촘촘히 묶어놓은 배들이 순식간에 불길에 휩싸이니, 강물이 아니라 불 위에서 싸우는 참상이 벌어집니다.

화염은 바람을 타고 번개처럼 퍼지고, 수십·수백 척 배마다 불길이 솟구치니 조조 군사들은 눈앞이 캄캄합니다. 배 안에 갇힌 채 도망칠 길조차 없는 군사들은 뛰어내리자니 물이고, 버티자니 불길이 솟구칩니다. 눈앞에서 전우들이 타 죽는 모

습을 보면서도 아무것도 할 수 없는 무력감과 절망, 두려움 속으로 휘말립니다.

조조의 군사들이 마지막 순간에 외치는 외마디 비명과 몸부림은 전쟁의 비극과 참상을 고스란히 드러냅니다. 백만 조조 군사가 떼죽음을 당하는데요. 군사의 수효가 많으니 죽는 모습도 가지가지로 묘사됩니다.

창에도 찔려 앉아 죽고,

서서 죽고,

웃다 울다 죽고,

밟혀 죽고,

맞아 죽고,

애타 죽고,

성내 죽고,

덜렁거리다 죽고,

복장 덜컥 살에 맞어 물에가 풍 빠져 죽고,

바사져 죽고,

찢어져 죽고,

흉하게 가이없이 죽고,

어이없이 죽고,

우숩게 죽고,

다리도 작신 부러져 죽고,

죽어보느라고 죽고,

무단히 죽고,

함부로 덤부로 죽고,

가슴 쾅쾅 뚜다리며 죽고,

이놈 제기 욕하며 죽고,

꿈꾸다가 죽고,

떡 큰놈 입에다 물고 죽고,

(비상을) 와삭와삭 깨물어 먹고 물에가 풍,

삼대독자 외아들이요 제발 덕분의 살려주오.” 빌다 물에 풍,

고향을 바라보며 망배망곡으로 빌다 물에가 풍,

시조 반장 빼다가 죽고,

처참한 광경이지만, 이름 없이 쓰러져간 병사들의 넋을 기억하고자 그들의 죽음 장면을 한 줄 한 줄 옮겨 보았습니다. 반복되는 나열 속에서 익숙한 리듬과 표현이 느껴지지 않나요? 그렇습니다. 계속 듣다 보면 판소리 〈심청가〉의 「만좌맹인이 눈 뜨는 대목」을 떠올리게 합니다.

〈심청가〉에서는 맹인들이 눈 뜨는 장면을 해학적으로 묘사해 웃음을 자아내지만, 〈적벽가〉에서는 자진모리장단 위에 조조 군사들의 몰살 장면을 실어 정반대의 분위기를 자아냅니

다. 동일한 전개 방식이지만, 표현 정서는 극명하게 대비되죠.

사설은 참혹한 전쟁의 실상과 덧없는 생명의 의미를 절제된 언어로 드러냅니다. "앉아 죽고", "서서 죽고", "웃다 울다 죽고", "죽어보느라고 죽고", "무단히 죽고" 등 감정이 배제된 나열은 사뭇 냉정한 삼인칭관찰자 시점에서 이루어집니다. 이러한 죽음의 묘사는 〈심청가〉의 해학적 장면과 기묘하게 겹치면서, 강렬한 그로테스크한 대비 효과를 만들어냅니다.

여기까지는 조조 군사의 피해 상황이었습니다.

5. 황개의 추적과 조조 도망

화전 궁전 가는 소리 여기서도 피르르르 저기서도 피르르르

허저 장요 서황등은 조조를 보위하야 천방지축 달아날 제

황개 화연 무릅쓰고 쫓아보며 외는 말이

"붉은 홍포 입은 것이 조조니라 도망말고 쉬 죽어라"

선봉 대장의 황개라 호통하니

조조가 황겁하야 입은 (홍포를 벗어버리고) 군사 전립 앗아 쓰고

다른 군사를 가리키(며) "참 조조 저기 간다" 제 이름을 제 부르며

이놈 조조야 날다려. 조조란 놈 지가 진정 조조니라

황개가 쫓아오며 "저기 수염 (긴것이) 조조니라"

조조 정신 기겁하여 진 수염을 걷어잡아 와드득 와드득 쥐여뜯고

꽤탈(양)탈 도망헐 제 장요 활을 급히 쏘니 황개 맞어

물에가 풍 꺼꾸러져 낙수 허니

공(의야) 날 살려라 한당이 급히 건져 살을 빼어

본진으로 보내랄 적에 좌우편 호통소리 조조 장요 넋이 없어

오림계로 도망을 헐 제

조조 잔말이 비상허여 문들어온다 바람 닫아라

요강 매렵다 오줌 들여라 된중낫다 똥칠세라

배 아프다 농치지 마라

까딱하면은 똥싸것다.

여봐라 정욱아 위급허다 위급허다 날살려라 날살려라

조조가 겁짐에 말을 거꾸로 잡어타고

아이고 여봐라 정욱아 어찌 이놈의 말이 오늘은 퇴불여전하여

적벽강으로만 그저 뿌두둥 뿌두둥 들어가니 이것이 웬일이냐

주유 노숙이 축지법을 못허는 줄 알았더니

아매도 축천축지법을 하나부다,

정욱이 여짜오되 "승상이 말을 거꾸로 탔소."

언제 옳게 타겠느냐 말 모가지만 쏙 빼다 얼른 돌려 뒤에다 꽂아라.

나 죽겠다 어서가자. 아이고 아이고 아이고 아이고 아이고..

송순섭 명창의 '적벽강 불지르는 대목'

5장. 적벽에 불을 질러라! 판소리 〈적벽가〉

김일구 명창의 '적벽강 불지르는 대목'

5번 「황개의 추적과 조조의 도망」에서는, 백만 대군을 이끌던 위풍당당한 조조의 모습은 온데간데없고, 오직 제 목숨 하나 건지기 위해 사력을 다해 도망치는, 부하들 앞에서 부끄러운 민낯을 고스란히 드러낸 인간 조조의 모습이 적나라하게 드러납니다.

황개가 군사들에게 "붉은 홍포를 입은 자가 조조다!"라고 외치자, 조조는 곧장 입고 있던 홍포를 벗어 표적이 되는 것을 피하고, 이내 곁에 있던 부하의 전립을 빼앗아 자기 머리에 씁니다. 그러고는 옆 군사를 가리키며 "참 조조 저기 간다!"라고 거짓으로 지목하며 비겁하게 줄행랑을 치죠. 이쯤 되면 조조의 군사들은 먼저 조조의 목부터 치고 싶었을지도 모릅니다.

도대체 어디까지 비굴해질 수 있는 걸까요. 그런 인물을 믿고 자신의 운명을 걸었던 병사들이 오히려 안쓰럽게 느껴지는 순간입니다.

전장의 혼란 속에서 우두머리 권위가 무너지는 모습을 지켜보며, 병사들은 당혹감과 허탈함에 휩싸였죠. 작은 균열에도 둑이 터지듯, 조조의 비겁한 도망은 순식간에 전열을 무너뜨

렸고, 병사들의 사기는 바닥까지 떨어졌습니다. 전쟁은 이미 그 순간, 끝나버린 것이나 다름없었습니다. 게임 아웃!

조조가 삼십육계 줄행랑을 치는 장면은 차마 눈뜨고 봐주기 어렵군요. 참담함이라니. 차라리 선두에 나서 전장을 지휘하며 끝까지 저항하다가 붙잡혀 "비굴하게 목숨을 구걸하지 않겠다. 어서 내 목을 치라!"며 말하는 당당한 군주의 모습을 보였더라면 어땠을까요. 적어도 조조를 따랐던 병사들 죽음이 그렇게 허망하게 느껴지진 않았겠죠. 그리고 역사 또한 그를 그렇게까지 부끄러운 군주로 기록하지 않았겠지요.

하지만 조조는 끝내 영예로운 선택을 하지 않았습니다. 말을 타고 '화용도'로 도주하는 장면에서는 또 다른 희극적 광경이 펼쳐집니다. 겁에 질린 조조가 서둘러 말을 타려다, 급한 나머지 말에 거꾸로 올라타는 우스꽝스러운 모습을 연출하죠. 이 광경을 본 정욱이 "말을 거꾸로 타셨습니다"라고 지적하자, 조조는 "언제 옳게 타겠느냐. 말 모가지만 쏙 빼다 뒤에 꽂아라"라고 얼버무리며 황당한 명령을 내립니다.

말을 거꾸로 타고 비웃음거리가 되는 이 장면, 어딘가 낯익지 않나요? 네, 맞습니다. 바로 남원! 판소리 〈춘향가〉에서 신관 사또 생일잔치 장면을 떠올리게 하지요. "암행어사 출두요!" 하는 소리에, 깜짝 놀란 사또 일행이 허겁지겁 달아나려다 말을 거꾸로 타는 익살스러운 장면, 기억나죠?

5장. 적벽에 불을 질러라! 판소리 〈적벽가〉

이처럼 급박한 상황을 더욱 실감 나게 만드는 건 바로 장단입니다. 빠르게 몰아붙이는 자진모리장단, 혹은 정신없이 휘몰아치는 휘모리장단이 이런 장면과 찰떡궁합입니다. 이쯤 되면, 여러분도 국악 장단이 조금 익숙해졌는지요?

이제 판소리 〈적벽가〉 이야기를 마무리할 시간입니다. 시간의 흐름에 따라 전개된 이야기 속에서, 여러분은 혹시 〈적벽가〉가 어딘가 조선시대 사대부의 세계관과 닮아있다는 느낌을 받지 않았나요? 유비는 한나라 황실의 부흥을 외치며 끊임없이 인과 의를 강조했지요. 겉으로는 어진 군주의 표상처럼 보이지만, 결국 정치적 대의명분을 내세운 자기 정치의 연장이었지요. 조선의 사대부도 유교적 가치를 앞세우며, 현실의 권력과 이상 사이에서 늘 명분을 고민했습니다. 그들이 판소리 〈적벽가〉를 좋아했던 것도, 단순히 흥미진진한 이야기 때문만은 아니었을 겁니다. 도덕과 정치, 명분과 실리, 인간적인 약함과 이상적인 강함이 복잡하게 얽힌 이 서사 속에서, 그들은 자기 삶의 거울을 보았던 것이겠지요.

그래서였을까요? 박동진 명창의 증언에 따르면, 옛날에 행세깨나 한다하는 집에 초청받아 소리를 하러 가면 가장 먼저 듣는 말이 "적벽가를 할 줄 아시오?"였다고 합니다. 만약 잘 못한다고 하면 "춘향가 할 줄 아는가?", 그 다음엔 "심청가 할 줄 아냐?"라고 물었다지요. 느꼈는지요? 그 말투와 반응 속에서

격이 점점 떨어지는 것을. 그만큼 〈적벽가〉를 최고로 여겼던 양반층의 취향을 엿볼 수 있는 일화입니다.

조선 후기에 판소리의 향유 계층이 점차 양반층으로 확대하자, 소리꾼들도 그들의 취향에 맞게 사설을 다듬고, 군자의 도리를 중시하는 성리학적 세계관을 담아내기 시작했습니다. 특히 〈적벽가〉는 대의와 명분, 충절과 지략이 어우러진 이야기로 양반들의 이상을 충족시키기에 제격이었겠지요.

우리는 오늘, 판소리 〈적벽가〉를 단지 옛 영웅들의 무용이 아닌 시대를 비추는 또 하나의 거울로 바라볼 필요가 있습니다. 그 거울 속에는 명분과 현실 사이에서 끊임없이 갈등하고, 정의를 말하면서도 이해관계를 따지고 있는 오늘의 우리 모습을 고스란히 비추고 있습니다.

〈적벽가〉는 남성을 위한 흥미 본위의 전쟁 서사가 아닙니다. 그 속에는 인간의 본성과 권력의 민낯, 그리고 '정의란 무엇인가'라는 시대를 초월한 질문이 담겨 있습니다. 그래서 우리는 오늘도 〈적벽가〉를 부르고, 듣고, 곱씹으며 되새깁니다. '지금 이 순간', 우리에게도 끊없이 도전하며 건너야 할 '적벽'이 놓여 있기 때문입니다.

Part 2

새 판을 벌여라!
창작 판소리

와우! 요즘 소리판!

"오적이라 하는 것은

재벌, 국회의원, 고급공무원, 장성, 장차관이라

이름하는 다섯 짐생으로,

시방 동빙고동에서 도둑시합 열고 있소."

"거 어디서 많이 듣던 이름이다.

정녕 그것들이 짐생이냐?"

"그라문이라우. 짐생도 아조 흉악한 짐생이지라우."

"옳다 됐다, 내 새끼야! 아, 그 말을 진작하지."

　　임진택의 〈오적〉 중 '아니리'

"이 양반은 옛날 쿠바 양반이라

와사비는 모를 것이다.

회에는 역시 와사비와 간장인데

그런 것이 있을 리가 있나."

　　이자람의 〈노인과 바다〉 중 '다랑어 회 쳐 먹는 대목'

어라, 이게 무슨 소리일까요? 갑자기 생소한 이야기가 나와서 살짝 긴장했다고요? 그럴 만도 합니다. 분위기가 확 달라졌지요. 이건 바로 창작 판소리의 한 대목입니다.

극적인 전환, 제대로 맛보았나요? 이제 2부에선 전통 판소리는 잠시 접어두고 오늘의 삶과 감각을 담아낸 새로운 소리, 창작 판소리의 세계로 들어가 보려 합니다.

'요즘 사람이 만들고, 요즘 사람이 부르는 판소리', 이른바 '창작 판소리', 어떤 분은 '새로울 신新'을 써서 '신작 판소리'라고 부르기도 하고, 또는 전승이 끊긴 소리를 되살린 경우, 이를 '복원 판소리'라고도 합니다.

요즘은 전통 판소리를 바탕으로 하면서도, 현대적인 감각으로 새롭게 창작한 판소리들이 많이 발표되고 있어요. 시대가 변하면 이야기의 소재도 달라지고, 표현 방식도 다양해지잖아요. 마치 오늘날 한글 모습이 조금씩 변해가는 것처럼요.

시대가 달라지면서 전통 판소리 형식을 지키면서도 새로운 이야기를 담은 '창작 판소리'가 자연스럽게 등장하게 되었어요. 이제는 옛날 영웅담이나 고전소설 대신, 오늘을 사는 사람들의 생각과 삶의 풍경이 판소리에 담기기 시작한 겁니다.

최초 창작 판소리는 1904년, 명창 이동백과 김창환이 함께 만든 〈최병도타령〉인데, 사실 이 작품은 장르로 보면 판소리라기보다는 '창작 창극'에 가깝습니다. 그래서 요즘에는 진짜

창작 판소리의 시작점을 박동실 명창의 〈열사가〉로 보는 견해
가 더 많습니다.

창작 판소리는 일제강점기와 해방 직후, 우리 민족 영웅들을
다룬 이야기로 처음 등장했어요. 그 중심에는 박동실과 정정
렬, 김연수 같은 명창들이 있었지요. 특히 박동실(1897~1969)
명창은 해방 후 민족의 아픔과 영웅들의 이야기를 담은 창작
판소리를 만들어 불렀어요. 예를 들면 〈이준열사가〉, 〈안중근
열사가〉, 〈윤봉길열사가〉, 〈유관순열사가〉처럼 이름 뒤에 '열
사가'가 붙은 작품들, 그리고 〈김유신보국가〉, 〈해방가〉 같은
작품도 있어요.

이런 소리에는 항일운동과 민족사의 울분이 고스란히 담겨
있답니다. 완창으로 공연할 경우 한 편당 40~50분 정도로 구
성되었고요. 전통 판소리 완창이 보통 4-8시간에 달하는 걸 생
각하면 꽤 짧은 편이죠.

그런데 안타깝게도, 박동실 명창은 창극 공연차 북한에 갔다
가 돌아오지 못하면서 '월북 예술가'라는 낙인이 찍혔어요. 그
여파로 그의 소리는 제대로 조명받지 못한 채 잊힐 위기에 처
했지요. 다행히도 박동실 명창이 아끼던 제자 장월중선 명창
이 있었기에 그 맥이 단절되지 않았습니다.

장월중선은 박동실 스승의 판소리 〈심청가〉와 창작 판소리
〈열사가〉를 고스란히 이어받았고, 이 소리를 딸인 정순임 명

창에게 전해주었지요. 그리고 지금은 젊은 소리꾼들까지 그 전통을 이어가고 있으니, 정말 다행스러운 일이지요.

아, 여기서 잠깐! 머리도 식힐 겸 흥미로운 이야기 하나 들려줄게요. 혹시 〈하얀나비〉, 〈작은새〉, 〈님〉 같은 명곡을 작사·작곡한 가수 김정호를 아시나요? 1970-80년대 활동한 천재 뮤지션, 33세에 요절했지요. 그가 바로 박동실 명창의 외손자라는 사실! 어머니는 전남 담양에서 활동한 판소리 명창 박숙자랍니다. 그래서였을까요? 김정호의 유작 〈님〉을 듣고 있으면, 전통 판소리 가문의 정서와 성음이 깊게 배어 있다는 느낌이 들어요. 창법이 남다르고, 음색도 절절하지요.

1960~70년대에는 박동진 명창이 〈예수가〉, 〈이순신전〉 같은 창작 판소리를 발표했어요. 민족주의적 색채가 강하게 담긴 작품들이죠. 박동진 명창의 일화가 하나 있어요.

박동진은 서른을 앞두고 독공(스승에게 배운 소리를 혼자 갈고닦는 일)에 들어가며 대전 집 근처 뒷산으로 올라갔어요. 직접 토굴을 파서 움막을 만들어, 100일 동안 혼자 소리만 연습했지요. 독공 45일째에는 혓바닥에 종이처럼 백태가 끼고 얼굴이 퉁퉁 부어, 눈이 보이지 않을 정도였대요. 때마침 찾아온 아버지께 부탁해 '똥물'을 구해, 매일 아침 한 그릇씩 45일가량 마셨더니, 부기가 빠지고 몸이 바짝 말랐다고 합니다. 와우, 믿기 어려운 이야기죠. 물론, 그 물은 인분이 둥둥 뜬 것이 아닌, 정제된 '맑은 똥물'이었지요. 이렇게 목숨 걸고 100일 독공을 채웠고, 산에서 내려온 뒤에도, 골방에 틀어박혀 하루 10시간씩 소리를 하니, 동네 사람들이 시끄럽다고 항의할 지경이었답니다. 역시 득음의 길은 험난하군요.

'똥물 이야기'는 많은 사람이 궁금해하는 대목이라 박동진의 사례로 시원하게 풀어보았습니다. 혹시, 박동진 명창이 광고 모델로도 활약한 거 아세요? "제비 몰러 나간다~ 제비 후리러 나간다~ 우리 것은 소중한 것이여!" 이 멘트, 혹시 기억나시는 분 계신가요? 기억나는 분은 손!

1980~90년대에 접어들면서, 당대 사회 현실을 판소리에 담아내려는 시도가 두드러집니다. 임진택은 김지하의 담시를 바탕으로 〈오적〉, 〈똥바다〉, 〈소리내력〉 같은 작품을 발표하며 시대 비판의 목소리를 냈고, 김명곤은 정치 상황을 풍자한 〈금수궁가〉를 무대에 올리며 관객에게 큰 호응을 얻었습니다. 일제강점기에 성노예로 끌려간 '일본군 위안부'와 같은 역사적·사회적 이슈를 다룬 창작 판소리도 발표되었어요. 판소리가 점점 더 현실을 말하는 예술로 확장하는 순간입니다.

2천년대에 들어서서는 창작 판소리 지형이 더욱 다양해집니다. 대학에서 전통 판소리를 전공한 젊은 소리꾼들이 본격적으로 창작 작업에 나서면서 더 폭넓은 주제와 형식을 시도했지요. 예를 들어볼까요? 컴퓨터 게임 '스타크래프트'가 판소리 무대에 오른 〈스타대전〉, 주부의 고군분투 일상을 유쾌하게 풀어낸 〈슈퍼댁 씨름출전기〉, 어린이를 위한 〈토끼와 거북이〉, 〈햇님달님〉 같은 작품이 등장했습니다.

소재가 달라지면서 분위기도 확 바뀌었지요. 판소리 무대가 어느새 게임방이 되기도 하고, 씨름장이 되기도 하고, 동화 속 세상으로 변신하면서 관객의 웃음과 박수가 쏟아졌습니다. 모든 판소리가 무겁고 진지한 풍자나 해학을 담아야 하는 건 아니잖아요. 때로는 유쾌하고 재밌게, 젊은 시각으로 생활 속 이야기를 풀어내는 것도 충분히 의미 있는 시도입니다. 이렇듯 해방 이후 본격적으로 꽃피기 시작한 창작 판소리는 점점 새로운 세대의 관심을 끌게 되었지요.

역사를 따라오느라 조금 지루했다면, 이제부터는 조금 더 생생한 무대 이야기로 넘어가 볼까요? 아무리 재능 있는 광대라도 끼를 펼치려면 마당이 있어야 하지 않겠어요? 아, 멍석부터 깔아줘야 뭘 보여주든 말든 하죠!

2001년부터 시작된 '전주산조예술제'에서는 바로 그런 마당 '또랑광대콘테스트'가 열렸습니다. 또 이듬해 2002년부터는 채수정 명창이 판소리 대중화를 목표로 기획한 '인사동 거리 소리판'이라는 게릴라 판소리 공연도 시작되었죠. 말 그대로 인사동 거리 한복판에서 티켓 없이 누구나 판소리를 감상하는 형식이었습니다.

흥미로운 건, 영화 〈귀향〉의 감독 조정래가 이 무대에서 '지정 고수'처럼 직접 북채를 잡고 장단을 맞췄다는 점이에요. 연출자가 고수로 자원봉사를 한 셈이죠. 그게 가능했던 건, 조정래 감독이 판소리고법(고수의 북 연주법) 이수자라서 그렇습니다. 소리에 대한 애정이 남달랐던 거죠. 사실 이러한 게릴라 공연은 극장이 생기기 전엔 판소리 공연이 주로 야외에서 이루어졌던 전통을 되살린 방식이기도 해요.

아참! 2001년부터 예향의 도시 전주에서 매년 열리는 '전주세계소리축제' 들어봤나요? 이 축제는 '판소리와 전통음악을 중심으로 월드뮤직과 다양한 장르의 음악을 아우르는 글로벌 음악축제'로 벌써 25회 생일을 맞이한, 제법 나이(?) 있는 역사 깊은 축제랍니다. 특히 2003년부터는 '창작 판소리 사습대회'가 신설되어 젊은 소리꾼들이 직접 만든 새로운 판소리를 선보일 기회가 활짝 열렸지요. 20년이 지난 지금은 창작 판소리가 자라고 꽃피울 수 있는 대표적인 무대로 자리 잡았답니다. 이처럼 창작 판소리는 현재를 사는 사람들의 이야기를 소재로 다루면서 끊임없이 진화하고 있어요.

공연 형태도 점점 더 다채로워지고 있죠. 창작 판소리의 개척자 임진택은 〈백범 김구〉, 〈녹두장군 전봉준〉 등에서 완창을 3부로 나누고, 본인을 포함한 왕기철, 왕기석, 송재영 등의 명창이 각각 1부씩 나누어 부르는 '3인 3색' 연창 형식으로 무대를 꾸몄습니다. 또 이름난 '비가비 광대'이자 창극 작창가인 한 승석은 뮤지션 정재일과 함께한 앨범 〈바리 어밴던드〉에서 북 장단 대신 피아노 연주를 반주로 삼았고, 여기에 전통 악기뿐만 아니라, 서양 악기로 새로운 분위기를 만들어냈습니다. 천재 소리꾼 이자람은 〈사천가〉와 〈억척가〉에서 북 하나만 들고 무대에 서는 전통 방식에 머물지 않고, 전자 음악이나 서양 악기를 접목하기도 하고, 아예 새로운 장단을 창조해내기도 합니다. 시대를 앞서가는 최용석의 〈방탄 철가방〉과 〈닭들의 꿈, 날다〉에서는 판소리와 연극, 뮤지컬이 한 무대에 어우러지는 색다른 형식도 등장했어요. 이렇듯 이미 많은 소리꾼이 창작 판소리를 통해 자신만의 색깔을 보여주고 있지요.

그렇다면 창작 판소리는 어떻게 만들어질까요? 먼저, 어떤 이야기를 담을지 정하는 것이 가장 중요해요. 문학 작품이나 시사적인 이슈를 다룰 수도 있고, 완전히 새로운 이야기를 창작할 수도 있죠.

주제와 대략의 줄거리가 정해지면, 판소리 특유의 운율을 살려 사설(대본)을 쓰고, 여기에 어울리는 장단과 선법을 정해요. 주로 전통 장단을 사용하지만, 필요에 따라 새로운 리듬과 음악을 결합하기도 하죠. 이처럼 판소리의 사설과 음악을 새롭게 만들어내는 과정을 '작창(作唱)'이라고 하고, 이런 작업을 하는 사람을 '작창가'라고 부릅니다.

그렇다면, 창작 판소리는 오늘날 우리에게 어떤 의미가 있을까요? 전통 판소리가 조선시대 사람들의 삶과 감정을 담아냈다면, 창작 판소리는 지금 이 시대, 우리들의 이야기를 담아내는 새로운 판소리입니다.

시대가 달라지면 주제와 내용이 바뀌지만, 그 변화야말로 바로 판소리의 살아 있는 생명력이죠. 지켜내야 할 본질은 그대로 간직하면서도 현재를 이야기하는 것. 그게 바로 창작 판소리의 가장 큰 매력 아닐까요? 창작 판소리는 지금도, 여전히 '살아 있는 소리'라는 점을 드러내고 있습니다.

이처럼 창작 판소리는 시대의 흐름 속에서 끊임없이 진화하면서도, 판소리의 멋과 맛을 잃지 않고 이어왔습니다. 이 순간에도 누군가는 어딘가에서 새로운 이야기를 소리로 풀어내고 있겠지요. 자, 이제 그 소리를 직접 만나볼 시간입니다!

창작 판소리의 세계로 Go! Go!

1장

시대를 노래한 비가비 소리광대,
임진택

임진택 명창. (본인 제공)

임진택

    '비가비 광대' 임진택 이야기 잠깐 들어볼래요? 1974년, 청년 임진택은 외교관을 꿈꾸며 서울대학교 정치외교학과에 다니고 있었어요. 그러다 민주화 학생운동에 참여하게 되었고, 결국 긴급조치 4호 위반으로 서대문형무소에 수감되었어요. 그의 운명을 바꾼 결정적 순간은, 바로 1974년 7월 13일 저녁, 서대문형무소에서였습니다. 그날 밤, 임진택은 평소에 외운 김지하의 담시 〈소리내력〉을 큰 소리로 부르기 시작했어요. 감옥 안에 울려 퍼진 그 소리를 강창이라고 하는데, 그 순간이 그의 첫 판소리 데뷔 무대였였죠.

    그리고 또 하나의 운명적 사건. 어느 날, 명동 '카페 떼아뜨르'에서 우연히 듣게 된 정권진 명창의 〈수궁가〉. 임진택은 처

시대를 노래한 비가비 소리광대, 임진택

음 듣는 판소리에 단번에 매료되었고, 이렇게 다짐합니다. "아, 저 분에게 판소리를 배워야겠다." 그에게 판소리는 대중에게 하고 싶은 이야기를 담아낼 그릇이자, 세상과 소통하는 그만의 무대였던 거죠. 임진택은 끝내 정권진 명창에게 〈심청가〉를 사사하여 국가무형유산 판소리 〈심청가〉 이수자가 되었죠. 이수자는 해당 판소리 보유자에게 3년 이상 전수를 받고, 시험으로 자격을 부여하는 제도로, 이수자가 되었다는 것은, 그 길에서 전문성과 자격을 공식적으로 인정받았다는 뜻이죠.

그 뒤로 임진택은 무려 50년 가까이 연극 연출과 마당극, 연희패를 오가면서 때로는 연출자로 또는 광대로 살았고, 열두마당에 이르는 창작 판소리를 작창했습니다. 외교관의 꿈은 저 멀리 흩어지고, 한국 현대사를 담은 창작 판소리의 길을 개척했답니다.

임진택에게 판소리는 그저 전통을 반복하는 예술이 아니었어요. 현실의 이야기를 담는 그릇, 바로 그것이었죠. 전통적인 틀 안에 내용을 얹는 것이 아니라, 새로운 문체와 형식 자체를 만드는 작업을 지속한 소리꾼입니다. 이게 바로 기존의 '신작 판소리'와 임진택이 말하는 '창작 판소리'의 결정적인 차이죠.

이런 시도는 판소리가 본래 끊임없는 창작과 변형을 통해 살아온 예술이라는 역사적 맥락과도 맞닿아 있지요. 그렇다면, 그가 어떤 새로운 문체와 형식으로 시대의 메시지를 담아냈는지 직접 그 소리를 만나보시죠.

가슴이 쿵쾅쿵쾅 뛰는 소리가 들리는군요. 물론, 종이 한두 장으론 열두 마당 전부를 소개할 순 없고요. 대표적인 작품 두 편만 짧게 소개할게요.

창작 판소리 〈오월 광주〉는 임진택이 5·18 광주민주화운동을 전통 판소리 양식으로 엮어 1990년에 초연한 판소리입니다. 그가 직접 작창했고, 비극적인 한국 현대사를 판소리로 증언하려는 시도였어요.

1980년 5월, 한국의 정치적 격동 속에서 시작된 이야기는 광주 시민군의 항쟁과 도청에서의 마지막 순간까지 따라갑니다. 그 속에는 광주 시민의 격렬한 항쟁뿐 아니라, 공동체를 만들어가는 사람들의 모습, 내부의 갈등, 사태를 평화적으로 풀어보려는 노력 등 따뜻한 사람 이야기도 함께 담겨 있죠.

전통 판소리의 장단과 창법을 기반으로 하면서, 공연 현장에서는 민중가요 〈임을 위한 행진곡〉을 활용해 관객과 함께 호흡하는 장면도 연출했답니다. 역사적 진실을 생생하게 전하는 판소리의 사회적 확장 가능성을 보여주는 중요한 작품입니다. 일부 내용을 살펴볼까요? 먼저, 작품부터 감상해요.

광주항쟁 35주년 기념 임진택의 초청공연 〈오월 광주〉

중중모리

계엄 포고를 발한다, 계엄 포고를 발한다.

일체의 정치활동 중지한다.

정치 목적의 집회는 옥내외 막론코 금지.

언론 출판 보도 방송은 사전에 검열을 득할 것

각급 대학은 이 시각부터 무기한 휴교 조치하고

유언비어 유포 및 날조는 엄중하게 금지.

계엄 포고령 위반한 자는

영장 없이도 체포하여 가차없이 처단한다.

이렇듯 으르는 소리

테레비 라디오 생방송으로 떵그렇게 들린다.

이게 무슨 상황일까요?

"계엄 포고를 발한다. 계엄 포고를 발한다." 계엄이라니요? 말만 들어도 장면이 오버랩되면서 갑자기 섬뜩해지는군요. 언제 적 일이냐고요? 1980년 5월 17일, 전두환 신군부가 전국에 비상계엄령을 확대 발표한 날입니다. 그리고 바로 다음 날, 5

월 18일, 광주에서는 그 부당함에 맞서 학생과 시민이 들고일 어났습니다.

잦은모리,
광주신역 광장에서 전열을 정비하여
금남로로 나아간다.
대기하던 전투경찰 펑! 펑!
최루탄 쏘아대니 시위대 흩어지며
"시민 여러분 동참합시다."
"군인들이 쿠데타를 일으켰소."
경찰과 숨바꼭질 계속할제
그때여 군용트럭 십여대가 맹속력으로 당도
계엄군들 내리는데 공수단이 분명쿠나.
한 손에는 대검 들고 또한 손에는 곤봉 들고
살기 등등! 표적을 정해서 끝까지 추적
닥치는 대로 패고 찌르는데,
피투성이로 늘어진 사람
다리와 머리를 맞들어서 몇 번 추스르더니
트럭 위로 내던진다.
숨어보던 주민들 발을 동동 구르며
"아이고 저놈들이 사람 다 죽이네."

매우 급박한 상황 전개지요? 잦은모리장단(임진택은 자진모리를 잦은모리로 씀) 위에 긴박하게 펼쳐지는 이 장면은 오월 광주의 공포를 압축적으로 보여줍니다. 시위대가 광주역 광장에서 금남로로 향해 나아가는 가운데, 전투경찰이 최루탄을 쏘며 사람들을 흩어 놓습니다. "시민 여러분 동참합시다!", "군인들이 쿠데타를 일으켰소!"라는 외침은 절박함과 분노를 드러냅니다.

이때 군용트럭 수십 대가 맹렬한 속도로 광장에 들이닥치고, 공수부대 병력이 대검과 곤봉을 들고 내립니다. "표적을 정해서 끝까지 추적"하고, "닥치는 대로 패고 찌른다"는 구절은 당

임진택 명창의 〈오월 광주〉 (본인 제공)

시 군의 무차별 폭력을 생생하게 그려냅니다. 피투성이가 된 시민을 "트럭 위로 내던지는" 잔혹한 모습까지 묘사하죠. 그 모습을 몰래 지켜보던 주민이 "아이고 저놈들이 사람 다 죽이네"라고 탄식하는 대목은 단순한 방관자가 아닌 고통의 공동체로서 시민의 목소리를 전달하는 장치입니다. 이는 전쟁도 내전도 아닌 상황에서 국민을 지켜야 할 군인이 자국민을 무차별적으로 폭력과 죽음으로 몰아넣는 현실을, 임진택이 그 주민의 시선을 빌려 고발한 장면이라 할 수 있지요.

> 시낭송
> ……
>
> 죽음이여 부활하라.
> 학살이여 그 주범을 단죄하라.
> 하여 이 땅의 민중이여
> 오월의 넋이, 광주의 죽음이
> 청사에 길을 여는 죽창으로 부활하는 그 날까지
> 일어서라! 투쟁하라! 쟁취하라!
> 산자여 따르라!!!

이렇듯 마지막 장면은 임진택의 시 낭송으로 조용히 마무리됩니다. 위 공연 영상을 끝까지 보았다면, 굳이 길게 시시콜콜 설명하지 않아도 되겠지요? 소리꾼이 절규하듯 들려준 시구들이 무대 저편으로 사라질 즈음, 객석에서 하나둘 관객이 일어나는군요. 그리고 모두 함께 민중가요 〈임을 위한 행진곡〉을 부르는 이 장면은 여느 판소리 공연과는 다른 종결입니다.

판소리는 처음부터 끝까지 소리꾼 혼자서 만드는데, 임진택은 판소리에 현실을 담고 싶었고, 그저 들려주는 데서 그치지 않고, 그 현장에 있는 사람들을 무대 중심으로 끌어들였죠. 창작 판소리 〈오월 광주〉는 시작과 끝, 모두 어찌나 강렬한지 보는 내내, 다 보고 난 뒤에도, 어딘가 익숙한 기시감에 가슴을 쓸어내리게 되더군요.

어떤가요? 앞에서 들려준 전통 판소리 〈춘향가〉나 〈심청가〉와 비교하면 창작 판소리는 뭔가 느낌이 다르지 않나요? 왜일까요? 까마득한 옛날에 있을 법한 이야기가 아니라, 지금 이곳, 우리 곁의 누군가는 그 현장에 실제로 있었고, 증언했으며, 지금도 기록되고 있는 현실의 이야기이기 때문 아닐까요?

창작 판소리는 바로 이런 맛이 있습니다. 벌써 푹 빠졌다고요? 아직 갈 길이 먼데요. 아참! 공연 감상하면서 혹시 웃음 터진 대목 있었나요? 저는 '보면대'를 '보면 돼'로 해석한 부분에서 빵 터졌답니다. 자주 하는 공연이 아니다 보니, 사설집을 보고 소리를 하는데, 그걸 보고 "보면 돼~" 하며 너스레를 떠는 그 센스! 아, 역시 판소리 광대는 다르구나 싶었죠. 재치 넘치는 그 한마디에 공연장이 한껏 유쾌해졌습니다.

임진택의 창작 판소리 열두 마당은 한마디로 정리하면, 바로 '역사와 인물'입니다. 〈소리내력〉, 〈오적〉, 〈똥바다〉에서는 김지하의 담시를 바탕으로 정치 풍자와 사회 비판의 날을 세웠고, 〈오월 광주〉, 〈윤상원가〉는 한국 현대사의 아픈 진실을 증언했습니다. 또 〈백범 김구〉, 〈안중근〉, 〈전태일〉, 〈녹두장군 전봉준〉, 〈다산 정약용〉, 〈세계인 장보고〉, 〈남한산성〉 등에서는 역사 속 인물의 삶과 사상을 판소리로 풀어냈지요. 이렇듯 그는 역사와 사회, 위인의 정신을 판소리 양식에 담아 오늘의 관객 앞에 다시 살아 숨 쉬도록 만들었습니다. 그리고 그는 지금 창작 판소리의 길을 연 명창으로 우뚝 서 있습니다.

이대로 임진택의 창작 판소리 이야기를 마무리하자니, 왠지 서운한 마음이 들지요? 임진택의 창작 판소리 중 대한민국 독립운동사의 한 페이지를 장식한 김구를 주인공으로 다룬 〈백범 김구〉에 대해 간략하게 소개할게요.

이 작품은 임진택이 김구의 자서전 『백범일지』를 바탕으로, 그의 독립운동 여정을 총 3부로 구성해 창작한 판소리입니다. 2010년에 초연한 〈백범 김구〉는 임진택이 직접 작창을 맡았으며, 왕기석·왕기철 두 명창이 번갈아 연창하는 방식으로 무대에 올렸어요. 참고로 백범의 키는 180cm였으니 당시 평균으로 보면 엄청난 장신이었답니다.

임진택이 작창한 판소리 〈백범 김구〉의 제3부 주제는 '갈라진 나라-해방 시대'입니다. 백범 김구! 하면 아마도 많은 분이 '내가 원하는 우리나라'라는 문장을 자연스레 떠올릴 거예요. 제목부터 마음을 울리는 힘이 있지요. 다음 내용을 읽기 전에 잠시 눈을 지그시 감고, '내가 바라는 나라'는 어떤 모습인지 생각해 보세요.

임진택 명창이 제3부 3장에서 해방 이후 김구가 꿈꾼 나라, 그의 바람을 중모리장단에 얹어 말하듯이 들려줍니다.

중모리

"내가 원하는 우리나라는 세계에서 가장 아름다운 나라이오.

부강한 나라 되기, 원하는 것이 아니오.

내가 남의 침략에 가슴이 아팠으니

내 나라가 남을 침략하는 것을 원치 아니하오

우리의 부력富力은 우리 생활을 풍족히 할 만하고

우리의 강력强力은 남의 침략을 막을 만하면 족하나니,

오직 한없이 가지고 싶은 것은 높고 새로운 문화의 힘이라

나는 우리 대한민국이 남의 것을 모방하는 나라가 아니라

높고 새로운 문화의 근원이 되고,

목표가 되고 모범이 되기를 원하오.

하여 진정 세계의 평화가 우리나라에서,

우리나라로 말미암아서 만방에 실현되기를 원하는 바이오.

이것이 내가 원하는, 세계에서 가장 아름다운 나라이오."

감동적인 사설이지요? 여기서 잠깐, 김구 선생이 꿈꾼 나라는 어떤 모습일까요? 그가 말한 "세계에서 가장 아름다운 나라"가 바로 정답입니다. 하지만 여기서 말하는 아름다움은 단순한 자연경관이나 경제적 부강함이 아니지요. 김구는 '문화'와 '평화'를 그 핵심 가치로 꼽고 있습니다. "높고 새로운 문화의 근원이 되고, 목표가 되고 모범이 되는 나라", 그리고 "세계평화가 우리나라로 말미암아 실현되기를" 염원한 것이죠. 참 높은 이상을 가졌지요?

백범 김구가 꿈꾸었던 나라는 단지 부유하고 강한 나라가 아니었습니다. 그는 '남을 침략하지 않고, 남의 것을 모방하지 않으며, 세계 평화를 이끄는 문화의 나라'를 바랐지요.

그렇다면 지금 우리가 살아가는 대한민국은 어떤 모습일까요? 한 마디로 '문화강국'이라고 할 수 있는데요. 요즘 전 세계에서 요즘 전 세계가 한국문화를 더욱 주목하고 있어요. 드라마와 영화도 마찬가지입니다. 한동안 세상을 뜨겁게 달군 영화 〈기생충〉, 〈오징어 게임〉, 〈폭싹 속았수다〉는 사회 문제와 인간 존엄, 평화와 연대를 이야기하죠. 2025년에 개봉한 애니메이션 영화 〈케이팝 데몬 헌터스〉는 뜨거운 케이팝 열풍에 기름을 부은 겪이지요. 이와 더불어 한국의 전통문화 역시 새롭게 조명받고 있습니다.

한글은 그 과학성과 독창성이 널리 알려지며 외국에서도 큰 인기를 끌고 있고, 한복은 현대적 디자인과 어우러져 무대 의상은 물론 일상복으로도 사랑받고 있습니다. 김치와 김밥을 비롯한 한국 음식은 세계인의 입맛을 사로잡았고, 'K-뷰티' 한국식 화장법도 세계인의 일상에 확산하고 있지요.

이런 흐름 속에서 임진택의 창작 판소리 〈오월 광주〉와 〈백범 김구〉가 이야기하는 주제는 결국 하나로 이어집니다. 그것은 바로, 평화가 깃든 아름다운 나라, 그리고 문화가 살아 숨 쉬는 품위 있는 나라입니다. 오늘날의 대한민국은 적어도 문화 영역에서는 백범 김구가 꿈꾼 그 이상에 부쩍 다가섰다는 생각이 듭니다.

임진택의 〈백범 김구〉 중 '경교장 탈출하는 대목'

2장

서민의 삶을 노래하고
현실을 풍자한, 최용석

최용석

소리꾼 최용석, 그는 스스로 '임진택 키드'라고 말합니다. 대학 재학 중에 임진택의 창작 판소리 〈오월 광주〉를 듣고, 판소리의 새로운 세계를 경험했다고 해요. 마치 임진택이 정권진 명창의 소리에 반해서 판소리의 길로 들어섰듯, 최용석도 그날 이후 창작 판소리의 세계에 깊이 빠져들게 되었지요. 그 감동이 얼마나 컸던지, 〈오월 광주〉를 추앙하여 임진택을 찾아가 직접 한바탕을 배웠다고 해요.

보통 판소리를 전공하는 학생들은 어릴 적부터 오랜 시간에 걸쳐 전통 판소리를 익히고 소리를 단련합니다. 아무리 수십 년간 소리를 연마한 소리꾼이라도 평생 다섯 마당을 모두 완창하는 경우는 드물지요. 그런 만큼 특별한 계기가 없이는 창

최용석 명창. (본인 제공)

작 판소리를 따로 전수받는 일은 흔치 않아요. 전통 판소리만큼 대중적 기반이 탄탄하지 않기 때문이지요. 대학생 시절 최용석이 임진택의 판소리 정신과 작품 세계를 흠모해 직접 〈오월 광주〉를 사사한 것을 보면, 그가 자신을 '임진택 키드'라 부르는 이유를 자연스레 짐작할 수 있습니다.

최용석은 전통 판소리도 깊이 있게 익혔습니다. 국가무형유산 판소리 〈춘향가〉 보유자인 성우향과 전라남도무형유산 판소리 〈춘향가〉 보유자인 안애란에게서 〈춘향가〉와 〈심청가〉 전 마당을 사사했지요. 또 국가무형유산 김세종제 〈춘향가〉 이수자로서 전통 판소리를 뼛속 깊이 새긴 뒤, 그 바탕 위에 창작 판소리의 세계로 한 걸음 깊숙이 들어가게 된 것입니다.

최용석은 전통의 틀을 지키되, 판소리라는 장르가 더 넓고 다양하게 확장해야 한다고 말합니다. 그는 "이제 판소리도 더 다양한 음악을 받아들여야 한다"면서, 랩이나 뮤지컬, 연극 같은 현대적인 감각을 담은 새로운 판소리를 시도하고 있어요. 전통적인 장단과 선법이라는 기본 틀을 유지하면서, 현대 음악을 접목하는 방식을 실험하고 있답니다.

이제는 창작 판소리계에서 공인된 작창가이자 연출가, 소리광대로 중견의 자리에 오른 최용석. 그는 소리꾼이 단순히 소리만 잘하는 사람이 아니라, 무대 위에서 철저히 '광대'가 되어야 한다고 말합니다. 소리꾼도 배우의 면모를 함께 갖춰야 한다는 것인데, 발림(몸짓)을 넘어선 적극적인 연기와 표정 하나하나까지 장단에 엉클어져 어우러져야 '진짜 판소리'가 된다는 거죠. 전통 요소를 중심으로 하고, 거기에 현대 음악을 잘 섞어보자는 것인데요. 이런 생각으로 2002년에 동료·후배들과 '바닥 소리'라는 창작 판소리 집단을 창단해서 수년간 활약했답니다.

그가 지금까지 작창한 창작 판소리와 소리극이 총 20여 편에 달합니다. 창작 판소리 〈순실가〉, 〈스마트 폭탄가〉, 〈쥐왕의 몰락기〉처럼 시사 혹은 사회적 문제를 직설적 혹은 우화적으로 풀어낸 작품이 많습니다. 전통 판소리 형식에 뮤지컬과 연극, 현대 음악적 요소까지 폭넓게 수용한 〈닭들의 꿈〉, 〈방탄 철가방〉, 〈해녀탐정 홍설록〉도 주목할 만하죠.

그중에서도 2014년에 창작 국악극 대상에서 남자 창우상을 받은 〈방탄 철가방〉은 최용석의 대표작이에요. 이 작품의 배경은 바로 1980년 5월, 광주민주화운동입니다. 한국 최초의 노벨문학상 수상 작가 한강의 소설 『소년이 온다』를 읽은 분이라면 이야기를 더 쉽게 떠올릴 수 있을 텐데요. 이 두 작품은 광주의 아픔을 기억하고 전하는 방식은 조금 다르지만, 그날의 진실과 희생, 저항의 의미를 담았다는 점에서 일치합니다. 또 하나 떠오르는 작품이 있죠? 네, 앞에서 소개한 임진택 작품 〈오월 광주〉와 동일한 시대적 사건을 이야기하고 있어요.

서민의 삶을 노래하고 현실을 풍자한, 최용석

이야기의 주인공, 최배달! 그는 전라남도의 한 시골 마을에서 태어나고 자랐어요. 그런데 '최배달'이라는 이름을 얻게 된 사연은 이렇습니다. 그는 동네에서 자전거 하나만큼은 누구에게도 안 밀리는 자전거 챔피언이었답니다. 그럴 만도 한 게, 어릴 때부터 할아버지, 할머니를 따라 시골 5일장을 다니며 자전거로 곡물을 배달했거든요. 하지만 또 하나 중요한 이유가 있어요. 바로 코흘리개 시절부터 좋아했던 첫사랑, 애경이! 그 애경이 자전거 타는 법을 직접 가르쳐줬다죠. 그래서 더 잘 타고 싶었던 마음, 누구보다 컸겠죠?

세월이 흘러 할아버지, 할머니가 세상을 떠나고, 혼자가 된 최배달은 광주 금남로에서 새로운 삶을 시작해요. 그가 취직한 곳은 바로 그 이름도 유명한 중국집, '평양반점'! 짜장면 배달부가 된 거죠. 시골의 울퉁불퉁한 비포장길에서 단련된 튼튼한 종아리, 챔피언급 자전거 실력은 광주 시내의 매끈한 아스팔트 위에서 진가를 발휘합니다. 비 온 뒤 움푹 팬 흙길, 크고 작은 자갈들이 박혀 있던 그 시골길에 비하면, 도시의 도로는 그야말로 비단길이었죠.

광주의 떠오르는 라이더! 그는 광주시 배달대회에 출전해 당당히 1등을 차지합니다. 역시 최배달! 광주 짜장면 배달계의 전설로 등극하는 순간입니다! 얼마나 대단했는지, 광주시 배달계의 샛별, 그의 놀라운 활약상을 살펴보겠습니다.

"철가방 하나에 짜장면 여섯 그릇,

철가방 여섯 개니 육육에 삼십육.

짜장 골든타임에 짜장면 서른여섯 그릇을

한 번에 척척 배달해 내는

나는야 배달의 신神 최배달!!

이제부터 이 '배달의 신' 이야기를 들려주도록 하겠어."

와우! 자전거에 철가방 여섯 개를 쌓는다고요? 그것도 짜장면 여섯 그릇을 담은 철가방을? 그게 가능하다고요? 짜장면 서른여섯 그릇을 한 번에 자전거에 싣고 달렸다는 건데요. 오토바이도 아니고, 스쿠터도 아니고, 그냥 두 다리로 페달 밟는 자·전·거! 로 말이죠? 정말 그랬다고요? 음…… 아무리 배달계의 전설이라지만, 이건 과장이 심한 것 같지 않아요? 네, 믿거나 말거나 최배달은 합니다.

"철가방 하나에 짜장면 여섯 그릇,

철가방 여섯 개니 육육에 삼십육.

짜장면 서른여섯 그릇을 한 번에 배달해보자!

녹슬었으나 튼튼한 배달 자전거 준비!

자전거 짐받이에 철가방 두 개를 얹고

흔들리지 않게 끈으로 칭칭 동여매 고정

서민의 삶을 노래하고 현실을 풍자한, 최용석

자전거 양 핸들에 철가방 두 개를 걸고

양손에 철가방을 하나씩 쥐어들고

허리에 힘을 불끈, 자전거에 올라타서

슬슬 페달을 밟아보자."

역시! '배달의 신'에게 불가능이란 없군요. 계산 다 끝나셨나요? 아직도 계산 중이라고요?

그럼, 다시 한번 정리해 볼게요. 자전거 짐받이에 철가방 2개, 양쪽 핸들에 철가방 2개, 그리고 나머지 2개는 양손에 하나씩! 철가방 하나당 짜장면 6그릇. 그러니까, 6개 철가방 × 6그릇 = 짜장면 36그릇! 최배달이 짜장면 36그릇을 '얹고, 걸고, 들고' 이 모든 걸 자·전·거로 배달했다는 사실! 이제 '배달신'의 영험함(?)을 믿을 수 있겠죠?

이뿐만이 아닙니다. 최배달은 골든타임을 놓치는 법이 없죠. "짜장면이라 하는 것은 면이 불면 낭패. 면이 짜장에 배는 시간 또한 필요! 짧지만 적절한 숙성도 필요! 그 시간을 머릿속에서 똑딱똑딱똑딱 굴리면서, 짜장면 풍미가 최고로 끌어올려질 그 순간! 골든타임에 "짜장면 배달이요!" 하고 도착하는 거죠. 역시 '배달의 신'다운 솜씨 아닙니까?

그렇게 최배달이 '나는야 배달의 신!'이라며 한껏 자랑을 늘어놓을 때, 무대가 갑자기 암전됩니다. 그리고 조용히 그림자

최용석 명창의 〈방탄 철가방〉. (본인 제공)

극이 시작되죠. 이 장면, 아주 특별합니다. 인도네시아 전통 그
림자극인 〈와양 쿨릿Wayang Kulit〉을 차용한 무대 연출인데요.
소리꾼은 무대 바깥에서 아니리로 사설을 들려주고, 무대 위
에서는 그림자가 실루엣처럼 살아 움직입니다. 이때 베이스기
타와 타악기가 배경에 깔리면서 분위기가 확 달라지죠.

아니리 〈그림자극 연출〉
1908년 5월, 어느 화창한 날
점심 배달을 위해
금남로 이곳저곳을

서민의 삶을 노래하고 현실을 풍자한, 최용석

다니고 있을 적에

뜻밖에 커다란 개구리 떼들이

골목길을 막고 있을 적에

　최배달의 평범한 일상에 먹구름이 드리우기 시작합니다. 1980년 5월, 광주 금남로 한복판에 탱크를 앞세운 군인들이 들이닥친 거예요. 도대체 무슨 일이 벌어진 걸까요? 혼란에 휩싸인 거리, 최배달은 두려운 마음을 애써 누르며 첫사랑 애경이를 찾아 헤맵니다.

　그러던 중, 도청 안에서 울려 퍼지는 절박한 외침. "죽기 전에 짜장 한 그릇 먹고 싶어⋯⋯." 그 애잔한 소리에 눈물을 훔치며, 군인들의 총알을 막아내는 방탄 철가방을 들고 금남로를 누비는 최배달.

바닥소리 최용석의 판소리극 :〈방탄 철가방〉 중
'개고리들과 싸움 대목'

　영상 재밌게 보았는지요? 나머지 이야기는 여러분이 직접 공연을 보면서 확인하는 걸로 할게요. 그건 오늘의 숙제로 남겨 두겠습니다.

이 작품을 만든 최용석에게는 앞서 소개한 임진택의 영향이 컸어요. 소리의 아버지에게게서 물려받은 〈오월 광주〉의 작품성과 정신이 결국 〈방탄 철가방〉 창작의 토대가 되었던 것이죠. 그런데 말입니다. 두 작창자가 똑같이 1980년 5월 광주를 배경으로 하고 있지만, 임진택의 작품과 최용석의 작품은 구성이나 형식이 꽤 다르다는 걸 느꼈을 거예요. 임진택은 전통 판소리의 연행 방식, 즉 '1인 소리꾼과 1인 고수' 형태를 그대로 유지하면서, 다만 소재만 현대 역사에서 가져왔습니다. 물론 공연 말미에 관객과 함께 민중가요를 부르는 장면처럼 새로운 시도가 더해졌지만, 기본적으로는 부채를 든 소리꾼이 고수의 북장단에 맞춰 이야기를 풀어가는 전통 판소리의 틀을 지키고 있죠. 무대 장치나 특별한 연출 없이, 오직 소리와 장단으로만 대결하는 형식입니다.

임진택이 소리꾼을 '역사의 증언자'로 설정해 5·18을 담담하게 풀어냈다면, 최용석은 가상의 인물인 '최배달'을 내세워 이야기 전개 방식부터 달리합니다. 연극적인 연출을 적극적으로 활용한 것도 큰 차이이요. 최용석은 극적인 효과, 특히 시청각 효과를 극대화하기 위해 악기, 음악 장르, 무대 도구 사용에 이르기까지 자율성과 다양성을 적극 부여했지요. 예를 들면, 무대 밖에서 들려오는 안내 방송을 듣는 최배달의 모습, 그리고 그의 정체성을 상징하는 자전거와 철가방은 시각적 인상을 한

층 더 강화해 주지요. 자전거를 타고 무대에 등장해 철가방을 들고 연기를 펼치는 순간 비로소 관객은 깨닫게 됩니다. "아, 이게 '창작 판소리극'이구나!"

물론, 엄밀히 장르를 구분하자면 이 작품을 창작 판소리로 분류하는 데엔 논의의 여지가 있습니다. 모노드라마, 소리극, 국악극, 창작 판소리극 등 여러 이름으로 불리기도 하지요.

이쯤에서 마무리 짓기엔 조금 서운하죠? 간단하게 작품 한 개 더 소개할게요. 내용이 궁금한 분들을 위해 줄거리 중심으로 요약할 테니 잘 따라오세요. 제목은 〈닭들의 꿈, 날다〉입니다.

"꼬꼬댁 꼬꼬댁 꼬끼오
내가 사는 양계장,
사람 사는 도시 같아.
꼬꼬댁 꼬꼬댁 꼬끼오
닭들이 사는 양계장,
사람 사는 공장 같아.
다닥다닥 아파트 마냥 답답한 양계장,
비좁은 만원 버스처럼 닭장도 마찬가지
의미 없는 하루하루 지루한 양계장,
하지만 난 꿈을 꾸며 오늘을 사네."

〈닭들의 꿈, 날다〉는 최용석의 창작 판소리〈닭들의 꿈〉을 원작으로 한 창작 판소리극입니다. 양계장에 갇힌 닭들이 자유를 찾아 탈출을 시도하는 내용이죠.

닭들에게 양계장은 감옥과 같아요. 그곳에서 살아가는 '꼬비'와 '꼬끼'의 모험을 그린 이야기입니다. '꼬비'가 "하늘을 날고 싶다"는 꿈을 꾼다는 이유로 잡혀갑니다. 가까스로 도망쳐 나온 '꼬비'와 친구 '꼬끼'는 자유의 땅이라 불리는 비무장지대를 향해 탈출을 시도하죠.

하지만 그곳은 약육강식의 거친 야생지대였죠. 독수리와 들개들에게 쫓기는 위기의 순간, 기지를 발휘해 살아남지요. 이후 이들은 천적까지 끌어들여 비행 훈련을 시작하죠. 그들의 꿈같은 도전은 과연 성공할 수 있을까요?

닭장에 갇힌 닭의 탈출극이라니, 꽤 흥미롭지요? 그 닭들의 처절한 몸부림이 우리 모습과 닮은 것 같아 왠지 씁쓸하네요. 보이지 않는 벽에 가로막혀 "이 정도면 됐지"라며 자조 섞인 말에 자신을 가두고, 한때 품었던 꿈을 애써 접고 살아가는 우리의 자화상 말이지요.

하지만, 만약 현실의 벽을 넘고자 한다면, '꼬비'와 '꼬끼'처럼 비록 비틀거리고 넘어질지라도 날갯짓을 멈추지 말아야 합니다. "나도 날고 싶다"는 꿈을 현실로 만들기 위해 끊임없이 날갯짓하는 장한 존재들, 바로 우리 자신이니까요. 꿈꾸는 사람에게 정말 중요한 건 실현 가능성 몇 퍼센트가 아니라, 끝까지 포기하지 않는 의지가 아닐까요? 우리, 날아 봅시다! 지금 여기, 바로 그 자리에서. 아주 작은 날갯짓으로, 비행 연습!

바닥소리의 판소리극 〈닭들의 꿈, 날다〉

3장

국경을 넘어 판소리의
새로운 지평을 연, 이자람

이자람

─────────

혹시 "이름이 그 사람의 얼굴이고 인격이다"라는 말을 들어본 적 있나요?

들은 것 같기도 하다고요? 그럼, "내가 그의 이름을 불러주었을 때 그는 나에게로 와서 꽃이 되었다"라는 구절은요? 네, 바로 김춘수 시인의 「꽃」의 일부입니다. 이름은 한 사람의 '존재를 나타내는 기호'이자, 사회적 관계를 맺는 중요한 매개이기도 합니다. '이름값 한다'라는 표현도 이런 맥락에서 생겨난 것이겠지요. 갑자기 이름 이야기를 꺼낸 이유는, 소리꾼 이자람을 소개하려니 그 이름이 새삼 뜻깊게 느껴져서입니다.

30여 년 전, TV에서 전국적인 사랑을 받았던 귀여운 꼬마 '예솔이'를 기억하나요?

이자람 명창 (© 완성플레이그라운드)

"예솔아, 할아버지께서 부르셔~ 예, 하고 달려가면 아니, 네 아범!" 소리꾼 이자람이 바로 이 친숙한 멜로디의 주인공, 〈내 이름(예솔아)〉 속의 그 아이입니다. 당시 다섯 살 꼬마 이자람. 방송에서 긴장한 기색 하나 없이 또랑또랑한 목소리로 아버지와 함께 노래를 부르던 귀염둥이가 세월이 흘러 당당한 '소리꾼 이자람'이 되었답니다.

그 시절을 기억하는 분이라면 이 노래를 한두 번쯤 흥얼거린 기억이 있을 텐데요. 저 역시 지금도 기분이 좋을 때면 종종 흥얼거리곤 합니다. 돌아보면, 아빠와 함께 가요를 부르던 꼬마 이자람이 어엿한 판소리 명창으로 성장한 시간만큼이나, 판소리도 어느새 새로운 모습으로 변모하며 우리 일상 가까이에 스며 있습니다.

예솔이가 자라듯, 판소리도 자란 것이지요. 그래서 이자람을 소개할 때, 단순히 이름이 예쁘다거나 좋다고만 하고 지나칠 수 없습니다. 자, 이제 '예솔이'가 아닌, '예술가 이자람'. '소리꾼 이자람'이 들려주는 창작 판소리를 만나볼까요?

어느덧 중견 예술가로 자리매김한 소리꾼 이자람은 문학 작품에서 새로운 판소리의 소재를 발굴하며, 지금 판소리가 나아갈 길을 모색하고 있습니다. 전통이 과거에 머물지 않고 오늘의 공기 속에서 살아 있으려면, 그 안에 혼과 생명력이 필요하잖아요? 이러한 관점에서 이자람은 창작 판소리에 주목하며, "지금, 이 시대에 판소리는 무엇을 이야기할 수 있을까?" 라는 질문에 답하고자 남다른 시선으로 소재를 발굴하고 있답니다. 그는 문학 속에서 '평범하지 않은 것'을 찾아내어 그것을 모두가 공감할 수 있는 이야기로 풀어내고, 자신만의 매력과 색깔을 입혀 '특별한 소리'로 만들어내는 소리꾼입니다.

일찍이 '천재 판소리꾼'이라는 별명을 얻은 이자람은 1997년 전주대사습놀이 학생전국대회 판소리 부문에 장원하여 차세대 소리꾼으로 주목받았답니다. 그해 강산제 〈심청가〉를 시작으로 2010년 동편제 〈적벽가〉까지, 무려 14년에 걸쳐 판소리 다섯 마당을 모두 완창했지요. 이렇듯 전통에서 길어 올린 숙성된 맛을 두루 경험한 이자람은 창작 판소리 작품으로 때로는 정갈하고 섬세한 소리로, 때로는 투박하면서도 맛깔스러운 소리와 익살스러운 연기로, 어느 때는 흥미진진하면서도 깊은 의미를 담은 생생한 이야기로 풀어낸답니다.

어릴 때부터 줄곧 구비전승으로 전통 판소리를 전수한 이자람이 창작 판소리에 눈을 돌리게 된 것은 대학 시절이었습니다. 어느 날 친구가 던진 한마디, "판소리가 예술이야? 예술이라면, 창작도 해야 하지 않아?"라는 질문이 계기가 되었죠. 그때부터 이자람은 창작 판소리에 관한 깊은 고민을 시작했고, '지금 이 시대의 이야기를 판소리에 담겠다'고 마음먹었죠. 그는 문학 작품의 서사를 바탕으로 소리를 작창하고 여기에 연극적 요소를 더해 자신만의 새로운 판소리를 만들어가기 시작했습니다.

2007년 이자람은 국악뮤지컬집단 '타루'를 결성합니다. 그리고 독일 극작가 브레히트의 희곡『사천의 선인』과『억척어멈과 그 자식들』을 바탕으로 각각 창작 판소리 〈사천가〉와 〈억척가〉를 만들었지요. 억척스럽게 살아가는 여인의 이야기를 해학적으로 풀어낸 이 두 작품은 전통 판소리 형식에 새로운 서사를 얹고, 연극적 요소를 접목한 대표적 사례입니다. 특히 이자람은 판소리의 음악과 연행의 맛을 살려, 브레히트의 희곡을 판소리 방식으로 재구성하는 실험을 했답니다. 결과는? 대성공이었죠!

그는 자신이 직접 작창한 창작 판소리극을 들고 프랑스와 미국, 일본, 브라질, 루마니아 등 세계 곳곳을 누볐습니다. 그중에서도 2007년 브레히트의 희곡을 한국적 상황으로 재해석한 2시간짜리 창작 판소리 〈사천가〉는 프랑스 국립극장에서 장기 공연하며 큰 주목을 받았지요. 해외 관객은 판소리만의 독특한 이야기 방식과 생생한 무대 연행에 깊이 감명 받았어요. 서양 희곡을 판소리 형식으로 풀어낸 독특한 무대, 이색적인 공연 양식과 그 안에서 펼쳐지는 소리꾼의 능란한 연기와 재치 있는 소리 공연에 빠져들었던 거죠.

창작 판소리 〈사천가〉는 신들이 착한 사람을 찾고자 '사천'

이라는 도시에 내려옵니다. 도시에는 착한 척하는 수많은 위선자가 있지요. 그 속에서 착한 사람 단 한 명을 겨우 찾아냈는데요. 그 이름은 '순덕'. 이름이 벌써 '착하고 어진 이'라고 말해주네요. 착한 순덕은 아주 뚱뚱한 외모를 가졌죠. 소리꾼이 순덕이 소개를 시작하는군요. 쉿!

아니리

착하기는커녕 하룻밤 재워줄 사람도 찾지 못해
자포자기한 신들 앞에 웬 처녀 하나가 등 떠밀려 걸어 오는디

진양조

왕머리 조선무다리 쫄티같은 박스티셔츠
도대체가 미련해보이며
자기관리는 전혀 없는 무책임함이 엿보인다.
얼마나 욕심이 많으면 이다지도 살이 쪘을꼬
아가씬 일단 안되겠는걸 우리 착한 사람을 찾고 있지.
미련한 게으름뱅인 필요가 없으니 다른 곳 가서 알아보게.

아니리

이때에 붕어빵 왕씨가 척 나서며, "아이고 이 아가씨가요.
그래도 우리 사천에서는 제일 착한 아가씨인데요.

국경을 넘어 판소리의 지평을 연, 이자람

비록 이리 뚱뚱하긴 해도 우리 사천에서는

시인들이 찾는 착한 사람은 이 아가씨밖에 없어요."

(순덕) "아니에요"

(붕어빵 왕씨) "아이고, 이 아가씨가 얼마나 착한지 내 이를 게 들어보시요 잉."

이 대목은 이자람 창작 판소리 〈사천가〉의 특징을 아주 잘 보여주는 장면입니다.

신들이 착한 사람을 찾겠다며 나타나지만, 외모와 체형을 기준으로 순덕을 평가하는 모습이 적나라하게 드러납니다. '조선무다리', '쫄티 같은 박스티셔츠'라는 묘사와 함께, '자기관리 부족', '무책임', '욕심 많음', '미련함', '게으름뱅이' 같은 부정적인 꼬리표를 붙이며 '뚱뚱한 순덕'을 배제하려 하는군요.

이 장면은 사회가 얼마나 쉽게 외모 편견과 고정관념으로 사람을 재단하는지를 풍자합니다. 여기에 붕어빵 왕씨가 등장해 "뚱뚱하긴 해도 제일 착한 아가씨"라고 옹호하지만, 그마저도 '뚱뚱하긴 해도'라는 조건부 칭찬이 섞여 있어 씁쓸한 웃음을 자아냅니다. 이런 사설 전개는 관객에게 "나는 어떻지? 편견에서 자유로운가?"라는 질문을 던집니다.

이자람의 〈사천가〉는 이렇게 멀리 있는 이야기가 아니라, 바로 우리가 사는 사회의 편견과 위선을 무대 위에 올려놓습니다. 바로 여기, 우리의 이야기죠. 사설에서 알아듣기 힘든 표현이 있나요? 내용도 흥미진진한데요. 여기에 이자람의 소리와 익살스러운 연기까지 더해지면, 그 배꼽 책임 못 집니다.

이자람은 순덕이 마치 대한민국의 서민을 닮아있다고 말합니다. 순덕은 냉혹한 현실에서 살아남고자 고군분투합니다. 이 작품은 떡볶이집 사장님 순덕을 통해 학력 차별, 청년실업, 외모지상주의, 물질만능주의 등 현대 사회의 부조리와 위선을 풍자합니다. 이자람은 약육강식의 구조에서 살아남기 위해 발버둥 치는 현실에서, 세상을 탓하지 않고, 있는 그대로의 모습을 꾸밈없이 드러내면서, 삶에 지친 사람들 그 누구라도 언제든 곁을 내어주는 순덕의 배려와 선한 마음, 곧 '착함'을 칭송합니다. 그리고 "무한경쟁에서 수단과 방법을 가리지 않고 끝까지 살아남는 자"를 우러르는 세상의 목소리에 날카로운 냉소와 통쾌한 웃음으로 응답합니다.

이렇게 〈사천가〉는 한바탕 웃음으로 우리의 현실을 직시하게 하고, 동시에 그동안 잊고 지냈던 인간다움에 대해 다시 묻게 하는 창작 판소리입니다.

소리꾼 이자람의 〈사천가〉

국경을 넘어 판소리의 지평을 연, 이자람

이자람은 창작 판소리에서 단순히 서사만 새롭게 구성한 것이 아닙니다. 공연 방식에서도 다양한 실험을 시도했는데요. 기존 판소리 장단에 머무르지 않고 새로운 리듬과 음악 요소를 과감하게 결합하고, 이야기를 더욱 생생하게 전달하기 위해 즉흥적인 서사 전개 방식도 도입했어요. 특히 2019년, 헤밍웨이의 소설을 판소리 문법으로 재해석한 창작 판소리 〈노인과 바다〉는 주목할 만한 작품입니다.

이 작품은 이자람이 박사학위 논문 주제로 삼았다는 점에서 더욱 각별한 의미를 더하죠. '이자람의, 이자람에 의한, 이자람을 위한' 창작 판소리 〈노인과 바다〉를 학위 논문으로 집필한다는 것은 작품에 대한 확고한 자부심 없이는 불가능하죠.

논문은 소설이나 에세이처럼 감성적으로 포장할 수 있는 글이 아니기에, 작품 분석은 마치 살아 있는 물고기 한 마리를 해부하듯 살 한 점 한 점, 아주 작은 뼈마디까지 모두 드러내는 작업과도 같은데요. 그렇기에 작품에 거는 기대와 궁금증이 더욱 커질 수밖에요.

이제 본격적으로 작품 감상으로 넘어가려 합니다. 아참! 그 전에 헤밍웨이의 소설 『노인과 바다』는 읽었는지요? 아니라면, 꼭 읽기를 추천합니다. 그럼, 이제 이자람의 소리로 창작 판소리 〈노인과 바다〉를 감상할까요!

아니리

노인이 아쉬운 듯 새 떠난 곳을 한참 바라보다가,

주변을 둘러보니 배가 멈춘 듯 싶구나.

드디어 청새치 이놈이 힘이 좀 빠졌는가 싶어,

노인이 반가운 마음이 든다.

"야, 이놈아. 오늘 안으로 내가 너를 꼭 잡고 말 것이다. 이놈아."

청새치가 힘이 좀 빠진 지금이

이제 잡아둔 다랑어를 먹을 시간이다 싶어,

노인이 다랑어를, 회를 한 번 떠 보는데,

회 뜨는 솜씨 말해 뭐해. 저 수산시장 사장님들이 주르르르 와서

구경 한 번 해보고 갈 듯이 한 번 회를 떠 보는디,

자진모리

오래된 갈고리 손잡이 잡아 고물밑에 놓아둔 다랑어 머리를

꽉 찍어 끌어당긴다.

아가미에서 꼬리까지 검붉은 살을 세로로 잘라내고

등뼈부터 배까지 줄 갈라 떼어놓고

큼직한 덩어리로 슥 슥 슥 스스슥 스슥 스스슥 슥 슥

여섯 조각으로 회를 뜬 살점들을 판자위에 주르르르

바지에 칼을 쓱싹 닦고 고기 한 점을 집어 입에 넣고

오므오므 오오므 오므

라임이라거나 레몬이라거나 소금이라거나 혹은 간장에 와사비

이 양반은 옛날 쿠바양반이라 와사비는 모를 것이다.

이 장면은 유독 관객의 웃음과 탄성을 자아내는 대목이죠. 바다 한가운데서 노인이 청새치와 사투를 벌이던 중, 잠시 허기를 달래려 잡아둔 다랑어를 꺼내 회를 치는 장면인데요. 소리꾼이 부채 위에 다랑어를 올려놓은 듯 붙들고, 섬세한 손놀림으로 "슥 슥 슥 스스슥 스슥 스스슥 슥 슥" 하는 소리로 재현합니다. 얼마나 리얼한지, 수산시장 사장님도 울고 갈 노인의 회 뜨는 기술이 눈앞에 펼쳐지는 듯합니다.

이어 "오므오므 오오므 오므" 하며 회를 입에 넣고 오물오물 씹는 장면은 관객의 모든 감각을 마비시켜 버립니다. 그 입 모양만 봐도 저절로 입안에 침이 고이죠. 전통 판소리에 능통한 이자람은 창작 판소리에 모든 재료를 투입하여, 이면에 맞춘 발림과 표정, 손끝 동작까지 완벽하게 조율하며 혼연일체의 연기를 펼칩니다. 이자람은 이 작품을 "한 인간이 자연의 힘과 겨루며 겪는 자신과의 투쟁"이라고 말합니다. 이것은 인간이 삶의 여정에서 피할 수 없는 숙명일지도 모릅니다.

이자람의 〈노인과 바다〉

이자람 명창 (© 완성플레이그라운드)

　이렇듯 이자람은 전통 판소리의 형식과 규범을 존중하면서
도, 그 틀 안에서 새로운 방식으로 판소리를 확장하는 방법을
찾고, 가능성을 끊임없이 탐색하고 있답니다. 이자람은 박사
학위 논문에서 자신의 작품에 담긴 기획 의도와 세부 목표를
이렇게 밝힙니다.

　〈사천가〉와 〈억척가〉는 '판소리 양식의 공연예술' 구현을 목표로 했
　고, 〈추물/살인〉과 〈이방인의 노래〉는 '이전보다 단편화한 판소리 양
　식의 공연물'을 만드는 것을 지향했습니다. 반면, 〈노인과 바다〉는
　별도의 세부 목표 없이 그저 '판소리 만들기' 자체에 집중했습니다.

　　　　　　　　　　　　　국경을 넘어 판소리의 지평을 연, 이자람

이렇듯 2007년 첫선을 보인 〈사천가〉부터 2019년 〈노인과 바다〉까지, 12년에 걸친 그의 창작 판소리 여정에는 '판소리 양식'에 대한 깊고도 지속적인 고민이 깔려 있습니다. 판소리라는 장르의 양식을 어떻게 정의하고 확장할 것인가? 이것은 어쩌면 창작 판소리를 만들어온 작창자들의 공통된 화두일 것입니다.

2025년 4월, 초연한 창작 판소리 〈눈, 눈, 눈〉은 이자람이 2019년 〈노인과 바다〉 이후 6년 만에 선보인 신작입니다. 톨스토이 소설 『주인과 하인』을 판소리로 재창작한 작품입니다. 끝없이 몰아치는 눈보라 속에서 주인 '바실리'와 하인 '니키타'가 눈밭을 헤매는 여정을 그렸죠. 이 작품에서도 이자람은 혼자 열일을 합니다. 해설자와 10여 명의 인물을 홀로 연기하며, 모노드라마 형식의 창작 판소리를 완성했는데요. 그는 이번에도 '내가 가장 잘하는 판소리로 이야기를 전한다'는 원칙을 지키며, 원작의 주제를 판소리의 틀 안에 담아 인간의 삶과 관계, 절대 놓쳐서는 안 될 '가치'에 대해 질문을 던집니다. 이에 공감하는 이들이 그의 최신작 〈눈, 눈, 눈〉을 극장에서 만나, 그 속에서 각자의 해답을 찾을 수 있기를 기대합니다.

4장

창작 판소리의 지평을 확장한
비가비 광대, 한승석

한승석

우연과 필연이 맞물리는 순간이 있습니다. 그 짧은 찰나가 운명이 되어 삶의 방향을 완전히 바꿔놓기도 합니다. 소리꾼 한승석, 바로 그 '비가비 광대' 이야기가 그렇습니다. 서울대학교 법학과 1학년 재학 중 학내 풍물동아리에 가입해 사물놀이와 전통춤을 익히면서 전통음악의 매력에 깊이 빠져들던 어느 날, 청년 한승석은 우연히 임방울 명창의 〈수궁가〉 음원을 듣게 됩니다. 그 순간, 그는 말 그대로 충격에 휩싸였죠. "판소리가 단순한 음악이 아니구나." "여기엔 해학이 있고, 사랑도 있고, 철학도 있구나." 유레카! 한승석은 판소리에서 지금껏 경험하지 못한 신세계를 발견했습니다. 늘 창작에 목말랐던 그에게 판소리는 나만의 방식으로, 나답게, 내가 하고 싶은 이야

한승석 명창. (본인 제공)

기를 담아낼 수 있는 완벽한 그릇이었던 겁니다.

한승석은 29세의 늦은 나이에 안숙선 명창을 찾아가 체계적으로 전통 판소리를 배우기 시작했습니다. 그리고 소리를 시작한 지 10년이 되었을 때, 비가비 광대의 자존심을 걸고 판소리 다섯 마당 완창에 도전합니다. 2007년 〈적벽가〉, 2008년 〈수궁가〉, 2009년 〈흥보가〉, 2010년 〈적벽가〉(두 번째 완창), 2011년 〈춘향가〉, 2012년 〈심청가〉 등 매년 한 마당씩 판소리 완창 무대를 올리는 진기록을 세우죠. 10년 동안 수없이 많은 담금질과 도움닫기를 한 결과겠지요.

이 대목에서 히말라야 16좌를 완등한 엄홍길 대장이 떠오릅니다. 그가 해군 특수전전단UDT에서 단련한 강인한 체력과 정신력으로 무려 22년에 걸쳐 히말라야 16좌 완등이라는 죽음의 행군을 버텼듯, 한승석의 연이은 판소리 전승 5가 완창 무대도 절대로 쉬운 여정이 아니었죠. 몇 시간에 걸친 긴 사설을 다 외우는 건 기본이고, 그에 맞는 표현과 성음, 장단의 흐름까지 완벽히 꿰뚫어야 하니까요. 엄홍길에게 강철 체력과 강한 정신력이 무기였다면, 한승석에겐 스펀지 같은 암기력과 판소리에 대한 갈망과 담금질의 결과로 얻은 공력이 아닐까요.

오래전부터 판소리로 동시대 이야기를 하고 싶었던 한승석은 창작을 제대로 하고자 힘든 전통 판소리 다섯 봉을 모두 완주한 셈이죠. 창작 판소리로 가기 위한 높은 관문을 넘은 것이고, 그가 선택한 창작의 길은 두 방향으로 이어집니다. 그중 하나는 국립창극단의 대표 작창가로서 창작 창극을 만드는 일이었죠. 2014년 〈변강쇠 점 찍고 옹녀〉, 2021년 〈귀토〉, 2022년 〈리어〉, 2023년 〈베니스의 상인들〉, 2025년 〈보허자步虛子〉, 그리고 신작 〈심청〉까지, 그는 굵직한 작품의 작창을 맡았습니다. 그가 만든 창작 창극은 전통 판소리의 틀을 지키면서도 현대적 감각과 음악적 다변화를 꾀해, 국립창극단 레퍼토리의 지평을 넓혔다는 평가를 받고 있습니다.

다른 하나는 전통 판소리를 기반으로 현대적인 요소를 더해서 만드는 실험을 계속 이어가는 일입니다. 그중 하나가 바로 천재 뮤지션 정재일과의 협업이었는데요. 재즈와 판소리를 융합하는 과감한 시도를 한 겁니다. 소리는 반드시 북으로 반주해야 한다는 틀을 깨고 피아노와 기타, 오케스트라를 활용한 판소리 반주를 시도합니다.

2014년 6월, 2년여의 긴 작업을 끝낸 한승석과 정재일은 앨범 '바리 어밴던드'를 발표했는데요. 바리데기 설화를 모티브로 한 이 앨범에는 11곡이 수록되었어요. 바리데기 이름의 의미인 '버려졌다'를 핵심적 의미로 담아냈답니다. 두 뮤지션은 "시대를 위로하는 노래를 우리말과 우리 음악으로 들려주고 싶어서" 작업을 시작했다고 합니다.

한 마디로 파격이라 할 수 있는 노래 〈빨래〉부터 감상해 볼까요? 이 곡은 배삼식이 사설을 쓰고, 한승석이 소리와 장구 연주를, 정재일이 기타와 피아노 연주를 맡았는데요. 환상의 호흡, 삼인방이 만들어 낸 소리에 전율을 느끼게 됩니다.

이야기의 출발점은 바리데기 설화입니다. 바리데기는 병든 아버지를 구하기 위해 서천 서역국에서 약수를 구해오는 여정에 나섭니다. 작품은 바리데기가 서천 꽃밭에 당도한 장면에서 시작합니다. 그곳엔 한 할머니가 산더미 같은 빨래를 하며 신세 한탄을 하고 있습니다.

바리가 부모 하직하고 길을 나서. 서천 꽃밭을 찾아갈 제

어느 강가에 당도하니, 어떠한 할미 하나 빨래 나와 앉았는디

(중략)

들짐승도 날짐승도 입고 나온 옷 한 벌로

천지 간에 활개치며 잘도 살아간다마는

어쩌자고 옷이 생겨나 이 고생이 웬일인가.

제나 나 혜도 산이로구나.

소리꾼 한승석이 부채를 들고 "바리가 부모 하직하고 길을 나서……"라는 말로 소리를 시작합니다. 이 대목은 전통 판소리 구성에서 아니리에 해당하죠. 이 곡에서도 전통의 아니리 기법을 살리되 연주자가 서로 대화하는 형식으로 새롭게 끌어

한승석 명창의 〈빨래〉. (본인 제공)

갑니다. 이후 한승석의 판소리로 이야기를 이어가는데요, 북
장단 대신 정재일의 기타 반주가 더해지면서 재즈 특유의 현
대적 리듬감이 살아납니다.

　이 곡의 제목이 〈빨래〉인 이유는 극 중의 할머니가 부르는
일종의 '빨래 타령'에서 드러납니다. 짐승은 타고난 털 하나로
평생을 살아가건만, 인간은 왜 굳이 옷이라는 것을 만들어 입
어 자신을 이렇게 고생하게 하느냐는 푸념이지요. 이 대목은
집안일에 지친 여성의 처지를 해학과 풍자로 절묘하게 표현합
니다.

　할머니의 제안으로 바리공주가 빨래하는 내용을 담은 〈빨래

　창작 판소리의 지평을 확장한 미가비 광대, 한승석

3〉에서는 현대를 사는 다양한 사람의 삶의 현장에서 건져 올린 풍경을 볼 수 있습니다. 그 안에서는 생동하는 사람들의 옷에 밴 냄새 곧 '비린내, 지린내, 노린내, 구린내'가 소리로 전환되어 흘러나오지요. 하지만 이 냄새를 역겨운 그것이 아닌 사람 냄새로 풀어내면서 그들을 위로합니다.

소리꾼 한승석이 쏟아내는 맛깔난 판소리 성음에 기타와 피아노, 장구 장단 등이 어울려 새로운 하모니를 만들어내지요. 이게 판소리 맞아? 이런 생각이 들지도 모릅니다.

한승석 & 정재일의 〈빨래〉

이러한 시도는 판소리의 경계를 확장하는 작업인데요. 이 음악의 정체성을 어떻게 규정할 것인가에 대한 질문에 그는 단호하게 말합니다. "반주가 바뀌었다고 판소리가 아닌 게 아닙니다. 내가 부르는 소리가 판소리 어법을 따르고 있다면, 그것은 판소리입니다." 적어도 연주 방식에 있어서는 다양한 시도가 가능하다는 것이죠.

한승석은 창작 판소리에 대해 이렇게 말합니다. "창작 판소리는 기존 전통 판소리의 형식을 따라야만 하는 것은 아니다." "판소리의 본질을 잃지 않는다면, 형식은 유연하게 변화할 수 있다." 한승석은 창작 판소리를 고정된 틀로 바라보지 않습니다. 전통 판소리의 음악 어법을 유지하면서도 시대적 변화를 반영하며 확장하는 것이 창작 판소리의 핵심이라고 보고 있습니다.

두 번째 소개할 한승석의 창작 판소리는 김홍도의 겨울 편지 〈그대를 생각하다 웃습니다〉입니다.

제목만 들어도 살짝 입꼬리가 올라가지 않나요? 언어의 힘이 이렇듯 큰데요, 문장에 음과 박이 섞이고 선율로 이어질 때더는 과거의 글이 아닌 것이죠. 노래란, 음악이란 이렇듯 신묘한 힘을 갖고 있답니다. 이 곡 탄생에 기여한 일등 공신은 김홍도의 편지를 발굴해서 세상에 알린 오주석 교수입니다. 그는 한국의 대표 미술사학자로서 한국 전통미술 감상의 붐을 일으킨 인물이죠.

어느 날 한승석이 오주석의 책을 읽다가 김홍도가 지인에게 보낸 편지글을 읽고 메모해 두었다지요. 창작 아이디어가 떠오르면 한승석은 꼭 메모로 남겨두는 오래된 습관이 있었답니다. 그리고 무려 20년간 그 메모를 책장 속에 간직하다가 앨범 작업을 준비하던 어느 날, 문득 떠올렸죠.

아하! 김홍도의 겨울 편지! 다만 편지 내용이 다소 짧아, 다른 시 구절을 일부 덧붙여 완성했답니다.

창작 판소리의 지평을 확장한 비가비 광대, 한승석

"섣달 눈이 처음 내리니 (臘雪初下)

사랑스러워 손에 쥐고 싶습니다. (愛 之如可掬也)

밝은 창가 고요한 책상에 앉아 (晴窓靜几)

향을 피우고 책을 보십니까? (焚香看書也)

딸아이 노는 양을 보십니까? (家姬弄情也)

창가 소나무 가지에 (屬窓松樹)

채 녹지 않은 눈이 쌓였는데 (殘雪在枝時)

그대를 생각하다가 (想爲執事)

그저 좋아서 웃습니다." (奉念已而 好呵)

첫눈이 내린 풍경과 그것을 바라보는 시인의 마음이 고스란히 묻어나는 참으로 서정적인 문장이지요. 1775년 어느 겨울, 멀리 있는 벗에게 김홍도가 답장으로 보낸 편지 일부입니다.

김홍도를 조선 최고의 화가로만 알고 있었는데, 이처럼 탁월한 문학적 감각을 지닌 문장가였다는 사실이 놀랍죠? 저 역시 이 노래를 통해 김홍도의 다른 면모를 발견하고 놀랐답니다. 참고로, 가사로 사용된 부분은 편지의 중후반부에 해당합니다. 앞머리에서 그는 먼저 자신의 안부를 전하고, 이어 상대의 안부를 물으며 간단한 용건을 전합니다. 이제 그의 편지를 살짝 들여다 볼까요?

예고 없이 찾아든 첫눈에 마음을 빼앗긴 김홍도. 그는 "섣달 눈이 처음 내리니, 사랑스러워 손에 쥐고 싶습니다"라고 적습니다. 마치 편지의 수신자를 바라보듯, 첫눈을 향한 정감 어린 시선이 느껴집니다. 이어 그는 그리움이 묻어나는 마음으로, 상대가 지금쯤 창가에서 책을 읽고 있는지, 혹은 귀여운 딸아이의 노는 모습을 보며 미소 짓고 있는지 혼자서 그려봅니다. 마지막 문장에 소름이 돋았는데요. "그대를 생각하다가 그저 좋아서 웃습니다." 이런, 심쿵! 참 낭만적이고 감성적인 표현 아닌가요? 이 한 구절만 놓고 보면, 마치 연인에게 보내는 애틋한 연서처럼 느껴지네요.

한승석 & 정재일의 〈그대를 생각하다 웃습니다〉

가사와 선율, 소리 모두 참 아름답지요?

한승석의 섬세한 감성과 깊고 고운 음색에 젖어 들다 보면, 마치 사랑의 세레나데처럼 들립니다. 하지만 원문에 등장하는 "집사를 생각하다가想爲執事"라는 구절을 보면, 김홍도가 지인에게 보내는 편지라는 걸 알 수 있습니다. 오주석이 '집사'를 '그대'로 번역하면서 곡의 분위기는 한층 서정적으로 변했는데요. 번역이 주는 힘이 놀랍지요? 이어 한승석이 덧붙인 가사,

창작 판소리의 지평을 확장한 비가비 광대, 한승석

"마음에 맺힌 사람아 어느 때나 다시 볼까. 무엇을 이루자고 우리 이다지 분주하여 그리운 정일랑 가슴에 묻어만 두고, 무심한 세월 따라 어디로 가는지도 모른 채 그저 흘러 흘러만 가는가"는 마치 김홍도가 가슴에 묻어둔 남은 이야기를 대신 풀어놓는 듯합니다. 마무리는 다시 핵심 주제로 돌아가서 정리하지요. "그대를 생각하다가 그저 좋아서 웃습니다." 혹시, 지금 이 글을 읽으면서 누군가를 떠올리며 슬며시 웃음 짓고 있지는 않나요?

한승석은 여전히 창작 판소리를 통해 새로운 음악적 지평을 개척하는 중입니다. 지면 관계상 소개하지 못한 작품이 많아 아쉬운데요. 아래 곡은 꼭 들어보세요. 강력히 추천합니다.

한승석 & 정재일의 〈저 물결 끝내 바다에〉

한승석 & 정재일의 〈바리 어밴던드〉

이것으로 이제까지 뜨겁게 달군 창작 판소리 이야기를 마치려 합니다.

부디 유익한 시간이었기를 바라며, 이제 여러분도 판소리에 대해 조금 더 가깝게 느끼게 되었길 기대합니다. 새로운 소리가 탄생하는 순간, 그곳에서 다시 만나길 바라며…….

소리판에서 만나요!

창작 판소리의 지평을 확장한 비가비 광대, 한승석

감사의 글

어릴 때 아버지를 통해 처음 접했습니다. 방에서 혼자 들어도 될 것을, 마치 소리꾼을 마루에 청해 둔 듯 마루에 두고 판소리를 들으니 그 낯선 소리를 피할 길이 없었지요. 당시 집 안 곳곳에 스며들던 판소리 〈심청가〉의 잔향이 지금도 어렴풋이 남아 있습니다.

20여 년이 흐른 뒤, 저는 아버지 칠순에 소리 한 대목을 들려주고자 호기롭게 판소리 배움터를 찾았습니다. 1년이면 비슷하게 흉내 내는 정도는 될 줄 알았지요. 판소리의 '판' 자도 모르던 제가 단가 〈사철가〉부터 배우는 데, 발성부터 숨이 턱 막혔습니다. 안 되는 소리를 억지로 버티며 〈농부가〉·〈사랑가〉 등 몇 대목을 더듬더듬 익혔지요. 드디어 잔칫날, 전문 소리꾼이 무대에 서는 바람에 끝내 입 한 번 떼지 못했고, 1년 동안 갈고닦은 내 실력을 발휘(?)할 기회를 잡지 못했지요. 그렇게 비밀리에 준비한 판소리 이벤트는 아무도 모르게 묻혔고, 나 홀로 서운함과 홀가분함을 가슴에 품은 채 조용히 막을 내렸죠.

박사논문을 쓰며 국가무형유산으로 다가온 판소리와 재회했습니다. 판소리 명창의 음원을 듣고, 역량 있는 소리꾼의 완창 무대와 판소리 보유자 공개 행사를 두루 찾아다니며 값진 소리를 들었지요. 학교 청강으로 〈사랑가〉도 다시 배웠고요. 박사학위 취득 후 한국연구재단 학술연구교수 지원사업에 선정되면서 본격적인 판소리 연구를 시작했습니다. 운 좋게도 판소리 연구 주제로 여러 번 선정되었고, 그때마다 연구성과를 사회에 환원하고 확산하겠다고 계획서에 적었지요. 보고서와 논문은 성실히 썼지만, 축적한 연구자료 활용과 확산은 제대로 하지 못했다는 생각이 늘 마음에 걸렸거든요. 그러던 중 판소리를 더 많은 대중에게 책으로 알릴 기회가 생겼습니다.

2024년 겨울방학부터 매일 중앙대학교 도서관으로 출근해 글을 썼습니다. 최대한 쉽게, 눈앞에 독자가 앉아 있다고 여기며 이야기하듯 문장을 써 내려갔습니다. 2025년 10월, '이야기꾼'의 옷을 입고 시작한 서툰 여행을 마무리하며 첫 대중서를 세상에 내놓습니다. 조금 떨립니다. 하핫.

이 책은 많은 분의 도움으로 완성되었습니다. 학문 연구의 든든한 터전을 마련해 준 모교와 판소리 연구를 이어갈 수 있도록 연구비를 지원해 준 한국연구재단, 판소리 세계화를 위한 연구 성과 공유의 장을 마련해 준 판소리학회에 깊이 감사합니다.

이 책에 수록한 국가무형유산 판소리 종목 보유자(인간문화재) 선생님들의 사진은 이 책을 더욱 값지고 풍요롭고 의미 있게 해 주었습니다.

귀한 사진 자료 활용을 허락해 주신 안숙선 · 김영자 · 유영애 · 정회석 · 정순임 · 이난초 · 김수연 · 김일구 · 윤진철 선생님께 고개 숙여 깊이 감사합니다. 그리고 송순섭 · 신영희 · 박송희 선생님 사진을 흔쾌히 제공해 주신 국가유산청에도 깊이 감사합니다.

한국연구재단 학술연구교수 지원사업 「창작 판소리 연구」 현장 조사를 위한 인터뷰에 응해 주시고, 사진까지 흔쾌히 제공해 주신 임진택 · 한승석 · 최용석 · 이자람 선생님께 깊이 감사합니다. 특히 바쁜 일정 중에도 원고를 꼼꼼히 살펴 감수해 주신 판소리학회 김혜정 교수님께 진심으로 감사합니다.

이 책이 판소리 전파에 조금이라도 도움이 되라는 마음으로 추천의 글을 써 주신 안숙선 · 임장혁 · 송지원 · 이형환 선생님께도 깊이 감사합니다.

원고의 방향을 잡아 주고 끝까지 함께 완주한 출판사 '나무처럼' 권혁정 대표님, 꽃이 활짝 핀 장단보와 삽화를 그려준 재주꾼 이한슬, 그리고 늘 응원을 아끼지 않는 가족 모두에게 한결같은 고마움을 전합니다.

K-팝을 필두로 전 세계에 한류가 새바람을 일으키고, K-컬처에 대한 외국인의 관심이 확장하는 현실에서 이 책이 한국 전통문화를 알고자 하는 모든 이에게 살아 있는 판소리의 가치와 참멋을 전하는 작은 디딤돌이 되기를 바랍니다.

이 책은 '쉽게 읽는' 한국 전통문화 이야기의 시작입니다. 그 다음을 이어갈 더 많은 이야기를 손꼽아 기다려 줄 독자가 많기를 소망하며, 손끝을 야무지게 다듬으며 조용히 다음을 준비하고자 합니다.

감사의 글